VIEUX PAPIERS

ET

VIEUX SOUVENIRS

1788

LES

LETTRES de mon GRAND-PÈRE

1789-1795

D'UN

MAGISTRAT d'AUTREFOIS

1795-1837

par

[...]mailler de roncherolle [...]

Société de Saint-Augustin

Desclée De Brouwer et Cie

Imprimeurs des Facultés catholiques de Lille

VIEUX PAPIERS
ET
VIEUX SOUVENIRS.

VIEUX PAPIERS

ET

VIEUX SOUVENIRS

1788

LES

LETTRES de mon GRAND-PÈRE

1789-1795

UN

MAGISTRAT d'AUTREFOIS

1795-1837

Société de Saint-Augustin.

Desclée, De Brouwer et Cie. — Lille.

1888. — Imprimeurs des Facultés catholiques de Lille. — 1888.

AVANT-PROPOS.

I L y a treize ans, livrant à l'impression, — mais non au public, — les deux premières parties de ce récit, je les faisais précéder de quelques lignes que je demande la permission de reproduire :

Ces pages ont été écrites pour le cercle intime de la famille et des amis ; elles ne sont pas destinées au public, qui ne les lirait guère. Il n'y trouverait ni l'attrait d'un roman, car la fiction n'y a point de place, ni un récit digne de l'histoire, ni même les éléments d'un tableau de mœurs. C'est un modeste portrait de famille, de ceux qui n'ont pas pour retenir l'attention des étrangers, le mérite d'une exécution habile. Seuls les esprits curieux, friands des miettes de la chronique provinciale ou révolutionnaire, trouveront peut-être à y noter quelques détails dignes d'être classés dans leur collection.

Les " Lettres de mon grand-père " sont le récit des aventures d'un proscrit pendant la tourmente révolutionnaire. Ce proscrit n'était ni un grand seigneur ni un prêtre. Avocat, né dans la robe, M. Thellier de Poncheville appartenait à ces classes moyennes que les conséquences de la Révolution allaient faire toutes-puissantes ; il avait représenté le Tiers-État de son Bailliage aux assemblées électorales de 1789, et applaudi à ce mouvement de réformes

qui s'annonçait comme la radieuse aurore
d'un jour nouveau. Mais il suffit qu'il restât fidèle à sa foi de chrétien et de royaliste,
pour que les persécutions ne lui fussent pas épar-
gnées, et pour que sa famille tout entière fût
enveloppée dans la proscription qui le frappait.
Cette proscription fut terrible.Lorsque plus tard,
après y avoir échappé par miracle, il en écrivait
les détails à un ami, il put, sans emphase, les
résumer ainsi : « Ma vie est un roman, mon
» existence un mystère. Presque toute ma famille
» a reçu les honneurs du martyre....Pour moi,in-
» carcéré, évadé, émigré, repris, délivré, je n'ai
» pas été jugé digne de partager leur sort.... Je
» me suis vu plusieurs fois aux portes du tom-
» beau ; j'ai été tiré à bout portant, trois fois j'ai
» lutté contre un peuple en fureur... J'ai commu-
» nié en forme de viatique lorsque je croyais
» qu'on allait me fusiller.., une autre fois j'ai
» regardé les apprêts de la guillotine pour me
» disposer au dernier moment.... »

La lecture de ces Lettres, que j'ai transcrites
sans rien changer au récit, m'a inspiré la curio-
sité de remonter à quelques années en arrière.
Il m'a paru intéressant de rechercher dans les
débris de leurs papiers de famille ce qu'étaient, à
la veille de la Révolution, ces magistrats, ces
avocats, ces aristocrates bourgeois qu'elle allait
condamner à mort. Et, comme cadre naturel de
ces figures dont je cherchais à recomposer l'esquisse effacée, j'ai rencontré la petite ville où ils
avaient vécu. Les souvenirs très incomplets, bien

imparfaits que 'j'ai ainsi recueillis, je les ai rangés sous ce millésime : 1788. C'est le dernier jour du vieux monde qui va finir. Quelle distance de cette date à l'année qui la suit ; quel abîme, si l'on franchit encore quatre ans ! Et quel contraste entre mes paisibles évocations et le récit auquel elles servent de préface !

Mais je ne veux point disserter. A Dieu ne plaise qu'on puisse un seul instant prêter à ces quelques pages, caprice d'un fureteur de vieux papiers, le pensée ambitieuse d'une thèse ou même d'une antithèse !

Pourquoi vais-je essayer aujourd'hui d'élargir ce « cercle intime de la famille et des amis » dont le demi-jour discret n'avait paru convenir à mes *Vieux papiers* ? C'est d'abord qu'il s'est trouvé dans le public quelques curieux qui m'ont fait l'honneur de le franchir.

Ont-ils été attirés par le goût des choses qui ne s'offrent par à tout venant ? n'est-ce pas plutôt par ce sentiment très délicat et très consciencieux des chercheurs qui veulent n'ignorer aucun détail, si menu soit-il, de l'époque qu'ils affectionnent ou qu'ils étudient ? Le fait est que plusieurs ont bien voulu me lire et d'aucuns même me citer (1) : que d'autres ont pris la peine inutile de rechercher quelque exemplaire introuvable de ce tirage vite épuisé.

---

1. FORNERON, *Histoire des émigrés* ; CH. DE RIBBE, *Le Livre de famille* ; abbé DERAMECOURT, *Le Clergé d'Artois pendant la Révolution ; la Revue de la Révolution ; etc.*

C'est à ceux-ci, collectionneurs déçus, que j'ai
pensé d'abord : puisse ce bon sentiment me
valoir quelque indulgence !

Mais j'ai eu une autre pensée plus ambitieuse.
Voici venir le centenaire de 1789 dont l'annonce un peu bruyante nous envahit de toutes
parts. Certes, on ne me trouvera jamais parmi
ceux qui seraient tentés de maudire « le grand
mouvement national de la fin du siècle dernier » ;
je demande de toutes mes forces qu'on le re-
prenne. Le mandat donné par la nation aux
Constituants de 89, tel qu'il résulte du dépouil-
lement des *Cahiers*, ferait fort bien mon affaire.
Mais que de choses disparates se mêlent sous
une seule date ! Et combien d'autres ne cher-
che-t-on pas à y ranger de force, que l'histoire
n'avait pas songé à y mettre ! Ne vient-on pas
de découvrir que la République fait partie du
Centenaire étant, en dépit de son état civil,
qui la fait naître en 1792, réellement venue au
monde, à Vizille, dès 1788 ? Pour certains, ce n'est
pas seulement la République, c'est encore la
Commune de Paris et la Terreur elle-même
qui sont de la fête...

Je n'ai pas la prétention de m'ériger en re-
dresseur de ces écarts d'une érudition plus
officielle que précise ; mais tout au moins j'ap-
porterai ma petite pierre aux ouvriers sérieux
et habiles qui entreprennent d'édifier la véritable histoire. Cette pierre a la valeur du docu-
ment humain, vraiment *vécu*. Je me défendais,
en 1875, de vouloir tirer de mon récit la matière

d'une thèse : peut-être serais-je moins fâché aujourd'hui qu'il en sortît une conclusion. Le temps a marché depuis lors, mais, en marchant, il semble avoir décrit un cercle; tandis que nous pensions avoir laissé bien loin derrière nous les horizons peu enviables que les contemporains de mon grand-père ont parcourus au péril de leur vie, voici que nous croyons les voir reparaître devant nous. Sommes-nous condamnés à refaire le même voyage? Je l'ignore, mais il est toujours bon de prendre ses précautions. Pour ma part, si nous devons traverser encore quelque forêt de Bondy comme celle dont nos pères ont goûté les agréments en 1793 et 1794, je suis fort décidé à ne pas m'y laisser égorger ou dévaliser sans défense. Et je me préoccupe des moyens de rendre cette résolution efficace. Le meilleur est qu'elle ne reste point isolée, mais soit aussi générale que possible. Or pour le faire naître chez les autres, rien ne vaut, à mon avis, la leçon que donnent tant de braves gens attachés par leur faute à la fatale charrette. Elle ne les eût pas emmenés s'ils avaient eu la prévoyance et pris la peine de la culbuter, le jour où elle ne menaçait encore que leur voisin.

C'est la morale de tous les récits de ce temps-là : je souhaite fort qu'après tant d'autres celui-ci aide à la mettre en lumière.

Quelques-uns de ceux qui avaient eu déjà l'occasion et la bienveillance de le lire, m'ont engagé à le clore mais brusquement, en y ajoutant une sorte de post-scriptum. J'ai pensé qu'ils n'avaient pas tort. Nous nous intéressons aux personnages imaginaires, que notre esprit a suivis à travers les dangers créés à leur usage par le dramaturge ou le romancier, et nous ne fermons volontiers le livre, que bien renseignés sur leur sort. N'éprouve-t-on pas le même sentiment en présence des personnages, même les plus obscurs, de cette grande tragédie qui s'appelle la Terreur révolutionnaire ? Et si l'on aime à savoir ce que sont devenus, dans des temps plus calmes et dans une société mieux assise, ceux qui ont été les bourreaux ou les comparses du bourreau, il n'est peut-être pas sans intérêt d'y retrouver la trace de celles des victimes qui ont survécu. Sortis d'une mêlée sanglante et grandiose, comment ces hommes de tous les états se sont-ils comportés au milieu des batailles quotidiennes, parfois des réalités vulgaires de la vie ? Ont-ils gardé quelque chose de la trempe solide et rude que leur avait faite le contact prolongé et souvent volontaire du péril ? A cette question toutes les réponses ne seraient sans doute pas uniformes. La carrière, d'ailleurs bien modeste en apparence, que mon grand-père a parcourue, m'en a fourni une qui ne manque pas de netteté.

On la trouvera dans les quelques pages intitulées : *Un magistrat d'autrefois*. Ce titre paraîtra ambitieux ; je crois cependant qu'il peut se justifier. On nous fait depuis quelque temps une magistature qui certes ne ressemble plus à l'ancienne. L'absence de toute ambition, un désintéressement presque naïf, une indépendance presque farouche, sont des qualités qui ont déjà acquis un commencement de saveur archaïque. Peut-être quand ces lignes seront imprimées, seront-elles devenues sans conteste l'apanage exclusif des « Magistrats d'autrefois».

Septembre 1888.

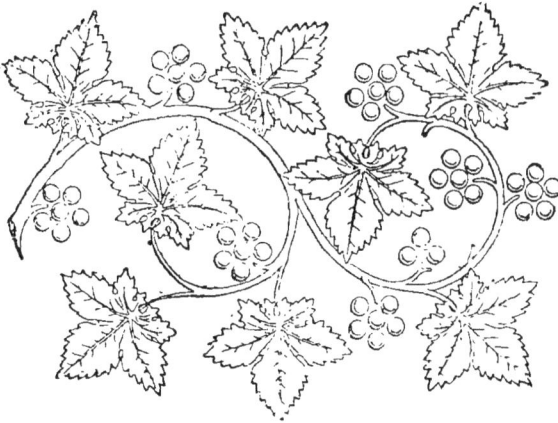

1788.

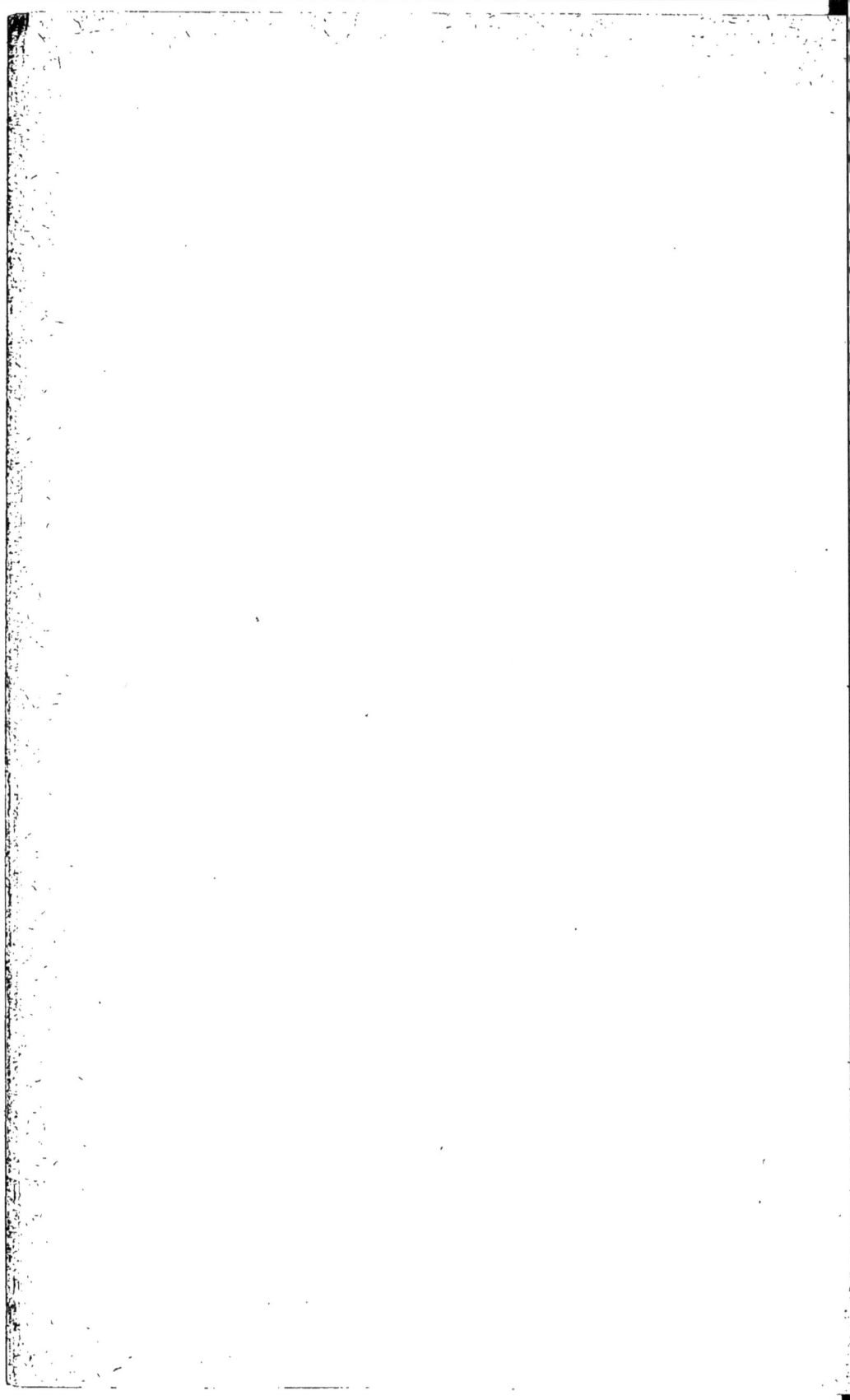

VIEUX PAPIERS
ET
VIEUX SOUVENIRS
1788

1. – M. L'Avocat. – La ville de Saint-Pol en Artois.

❮ De Paris, ce 29 avril 1788.

H bon Dieu, mon cousin, il y a une » éternité que je n'ai eu le plaisir » de m'entretenir avec vous ; vous » savez sûrement que Thellier est » actuellement bachelier et bientôt » *licentier*, et puis comme le dit très bien, ou » très mal son père, son fils sera sous peu de » temps décoré du noble titre d'avocat.... »

C'est ainsi que Mme de M**, une cousine à qui on pardonne beaucoup parce qu'elle a beaucoup de crédit, annonce à la province une si grosse nouvelle : c'est de ce ton léger qu'elle parle de deux graves personnes que mes vieux papiers vont vous présenter plus honnêtement.

La Faculté s'exprime avec plus de solennité : » Die Sabbati 10 maii 1788 admissus est ad celebrandum actum licentiatûs...» Et voici l'acte lui-même, la thèse que le candidat a élaborée avec amour et signée avec orgueil de son nom : *Joannes Baptista Bernardus Thellier de Poncheville, Boloniensis* (1). Elle se déploie majestueuse sur une grande feuille de vélin, ornée d'une gravure en taille douce. Très haute, très illustre et très puissante princesse Armande de Rohan-Soubise, princesse de Guéménée, comtesse de Saint-Pol, etc., etc., etc., a daigné en accepter l'hommage ; pour prix de cet honneur, des Génies et des Renommées couronnent son nom de lauriers, et (spectacle bien fait pour réjouir une grande dame) lui offrent bien alignés en deux colonnes de latin, le *Jus Canonicum* et le *Jus civile.*

Droit canon, droit civil laborieusement étudiés et compulsés, propositions savamment soutenues par le candidat... (*tueri conabitur*, dit modestement le programme)..., qu'en resterat-il dans deux ans ? Aucun des doctes professeurs qui en ont gravement présidé la soutenance, ne le voudrait croire. Lequel peut douter que, longtemps après lui, on discutera encore *de concessionne prœbendœ*, et que de nombreuses générations viendront à la même place faire successivement la même inclination et dire : *Consultissime antecessor et Prœses pro more laudabili Consultissimœ Facultatis exponam argumentum ?*

Maître Jean-Baptiste-Bernard... est sorti victorieux de l'épreuve : la Faculté de Paris compte un licencié, et Saint-Pol-en-Artois un

---

1. Du diocèse de Boulogne.

avocat de plus. Car c'est bien un provincial, et la province le réclame. Né en 1764, il est l'aîné des six fils de Me Bernard-François-Guillaume Thellier, sieur de Poncheville, Subdélégué de l'intendance de Flandre et Artois, et Procureur-général des ville, comté et sénéchaussée de Saint-Pol.

Bien que cette dernière ville possède un collège desservi par les Carmes-Chaussés, et un pensionnat tenu par M. le chanoine Coignon où règne, au dire de l'Almanach d'Artois, un ordre admirable, M. le Subdélégué n'a eu garde de priver monsieur son aîné du profit que l'on trouve toujours, tant pour les humanités que pour les bonnes manières, à fréquenter les écoles de Paris. Il l'a donc envoyé au collège Du Plessis et à Sainte-Barbe où la direction de MM. Surugue, principal, et Baduel, supérieur, mérite les plus grands éloges.

Ces premières études achevées, l'humaniste a dû quitter Paris et donner un peu de repos à sa vue fatiguée par l'excès du travail. Mais il n'a point perdu son temps. Il a fait un séjour à Arras, chef-lieu de la province, sans doute pour puiser à ce foyer, éclairé par Nosseigneurs du Conseil supérieur, les premiers rayons de la lumière juridique. Son parent, M. le conseiller Thellier, seigneur de Sars, l'a aidé de sa direction et de son patronage ; et sachant qu'un jeune homme bien né ne doit point être mis dans le cas de rougir de son au-..... .. de Sars a choisi pour son cousin une honnête pension au prix de quatre cents livres par an.

C'est après ce repos bien employé que «Thellier» (comme on l'appelle alors en sa qualité d'aîné, et bien qu'il soit destiné à porter le nom du fief paternel), est venu de nouveau à Paris pour subir, en bénéfice d'âge, les épreuves du baccalauréat et de la licence en droit.

*
* *

Mme de M***salue son départ d'un horoscope où je recueille les traits épars d'un portrait : « Il a bien de l'activité..., un peu de raideur ..., un peu de terroir de Saint-Pol : voilà la preuve que nous ne sommes pas parfaits — Il remplacera son père, une fortune d'aîné, grand travailleur ; hors de Saint-Pol, il irait fort loin. »

Mais pourquoi irait-il hors de Saint-Pol ? Il n'est pas encore de mode que chacun soit plus ambitieux que ceux qui l'ont mis au monde, et " remplacer son père " suffit aux honnêtes gens. César a dit d'ailleurs qu'il vaut mieux être le premier dans un village que le second à Rome. Et Saint-Pol n'est pas un village ! C'est la capitale d'un comté des plus illustres, non seulement de la province mais de tout le royaume, ainsi que ne manque pas de nous l'apprendre l'Almanach historique et géographique d'Artois. Au siècle suivant, il se rencontrera des substituts mondains qui qualifieront dédaigneusement la petite ville d'affreuse *sixième classe ;*

mais c'est qu'alors il sera venu des révolutions qui auront tout changé. En l'an de grâce 1788, de pareils dédains ne sont pas permis.

*
* *

En ce temps donc, nous trouvons à Saint-Pol un *État ecclésiastique* qui se compose d'un chapitre de chanoines fondé par les anciens comtes, du clergé paroissial et de plusieurs couvents et institutions charitables.

Un Gouverneur qui, n'ayant rien à gouverner, réside à Arras, et un lieutenant des maréchaux de France, composent *l'État militaire.* J'allais oublier le conseiller du point d'honneur.

Mais *l'État civil* est mieux fourni. Que de gens en place dans cette petite ville, et surtout combien d'avocats ! Heureusement, il y a des cumuls.

Voici d'abord M. le Subdélégué qui représente ce qu'on appellera plus tard : l'autorité administrative. C'est le sous-préfet du temps ; un sous-préfet qui n'est point nomade, mais choisi parmi les notable de la ville.

Dans l'ordre judiciaire, nous rencontrons la Sénéchaussée. Elle a « le même exercice que les autres grands bailliages de l'Artois » et « un ressort supérieur à la plupart des autres. » Cependant, elle n'est pas une juridiction royale, mais « une juridiction féodale supérieure, » les comtes de Saint-Pol (qui sont à présent les princes de Rohan-Soubise) étant seigneurs justiciers.

A la sénéchaussée, comme dans tous les tribunaux de l'époque, je trouve l'homme d'épée et les gens de robe. L'homme d'épée c'est le sénéchal, qui cumule cette charge avec celle de gouverneur de la ville, et remplit ses fonctions judiciaires comme ses fonctions militaires, à distance. Il participe cependant aux épices dans les procès criminels mais non dans les procès civils. Voulant sans doute gagner plus consciencieusement son argent, M. de Raulin de Belval, le sénéchal actuel, a élevé il y a quelque temps des prétentions nouvelles, qui ont mis singulièrement en émoi les officiers de la sénéchaussée. Écoutez leurs plaintes :

« Il vient d'élire un domicile à Saint-Pol, qu'il a fait signifier au greffe de la sénéchaussée et à celuy de la ville, afin qu'on ait à l'y convoquer à toutes assemblées où devront assister les officiers de ladite sénéchaussée, au moins vingt-quatre heures avant.

» Il prétend avoir le scel de la sénéchaussée, il dit qu'il le remettra entre les mains du greffier, qui scellera en son absence.

» Il prétend pouvoir *assister aux audiences en bottes et éperons, et sans rabat,* qu'il n'y aura rien à lui dire, *lorsqu'il sera revêtu du manteau noir.*

» Il dit qu'il a encore d'autres prétentions qu'il fera valoir en son temps (1). »

Mes vieux papiers ne me disent point ce

---

1. Lettre de M. Thellier, Lieutenant-général.

que ces prétentions sont devenues ; sans doute la discussion durait encore quand la Révolution est venue brusquement clore le débat pour toujours !

A côté de ce personnage botté, viennent les officiers de robe, les vrais juges ; là notre nouvel avocat sera dans son élément, et l'on peut dire en famille. Nous distinguons d'abord le Lieutenant-général civil et criminel ; c'est le président. Cette charge est possédée, depuis le commencement du siècle, par la famille Thellier, ancienne dans la robe et dans le pays (1). Mᵉ Joseph-Albert, père de M. le subdélégué, l'a longtemps exercée ; son fils aîné, André Dominique, en a obtenu la survivance par lettres du 9 mars 1754, pour en jouir « aux honneurs, privilèges, prérogatives, autorités, dignités, prééminences, fonctions, droits, fruits, profits et autres émoluments qui y sont attachés. » Après la mort d'André-Dominique, advenue il y a deux ou trois ans, son gendre Jean-Baptiste-Éloi de Corbehem lui a succédé ; c'est lui qui est maintenant en fonctions. Puis vient le lieutenant-particulier, sorte de vice-président, lequel se trouve être quelque peu parent du Lieutenant-général.

1. « La carrière de la magistrature paraissait être l'apanage de la famille qui dans tous les temps, s'est toujours distinguée par sa fidélité pour ses rois. J'en avais autrefois des preuves authentiques qui ont été enlevées et détruites par les révolutionnaires. Tout ce dont je puis me rappeler c'est que sous François Iᵉʳ et lors de la prise de Saint-Pol par l'armée de Charles-Quint, Jacques Thellier périt victime de sa fidélité. » (Extrait d'une lettre de J.-B.-B. Thellier de Poncheville.)

Quant au chef du parquet, nous savons qu'il n'est autre que M. Thellier de Poncheville, le père, qui cumule ces fonctions judiciaires avec celles de subdélégué. Il est en même temps chargé des intérêts de la maison de Soubise, lesquels ne laissent pas que d'être très considérables dans le comté. Ce n'est pas trop pour toutes ces fonctions du titre sonore de *procureur-général*, qu'un usage immémorial lui attribue; mais les envieux le lui disputent: ils s'obstinent à le qualifier de procureur-*fiscal*, ce qui n'est pas sans lui causer du déplaisir. Il a pour substitut Henri-Joseph Thellier, sieur de la Neuville, son cousin.

Seize avocats et douze procureurs complètent la famille judiciaire. Quatre vingts ans plus tard, un avocat et cinq avoués suffiront au bonheur des plaideurs.

Au barreau où le nouveau licencié va venir prendre place, il rencontrera le fils du substitut qui, sans doute, attend comme lui la survivance de monsieur son père. J'y aperçois aussi plus d'un nom obscur, et qui bientôt sera tristement célèbre : Herman, un futur séide de Fouquier-Tinville ; Lanne, l'un des juges qui condamneront la Reine... (1). Les bourreaux coudoient les victimes, et tous s'appellent : « Mon cher confrère. »

***

---

1. On l'appelait alors Lanne de Bauriez.

Mais nous sommes en 1788 ; rien ne trouble à Saint-Pol l'azur du ciel, nul souffle inquiétant ne ride le flot paisible de la Ternoise, au bord de laquelle s'agite gravement la petite ville.

Je n'aurai garde d'omettre au nombre de ses personnages importants, les membres de l'échevinage. Ils ne sont pas seulement magistrats municipaux, mais encore juges en premier ressort tant au civil qu'au criminel, et " ressortissent en appel à la sénéchaussée."De même que celle-ci possède ses sergents à cheval, l'échevinage a ses sergents à verge, chargés de lui faire honneur dans les cérémonies et de prêter main-forte à l'exécution de ses sentences. Au surplus, les deux juridictions doivent vivre en fort bonne intelligence, vu les liens étroits qui les unissent. Messieurs les officiers de la sénéchaussée comptent dans l'échevinage plus d'un parent ou d'un allié, depuis le premier échevin jusqu'à l'argentier, charge dans laquelle je trouve blotti, faute de mieux, sous le nom de Thellier du Courval, l'un des cadets de feu M. le lieutenant-général.

Jadis la nomination de ces paisibles édiles avait soulevé bien des orages : les luttes électorales ne sont point une invention moderne. Les comtes de Saint-Pol nommaient autrefois à toutes les charges, ce qui simplifiait les choses. Mais un édit du mois de mai 1765 vint rendre aux habitants des villes l'élection de leurs officiers municipaux. M. le prince de Soubise fit bien au Roi des remontrances, à la suite desquelles Sa Majesté octroya à son « cher cousin,» le droit de choisir les mayeurs et échevins de Saint-Pol parmi trois sujets désignés pour chaque place ; mais cette désignation devant être faite par les électeurs, ceux-ci n'en eurent pas moins la parole les premiers.

A cette nouvelle, grand émoi dans Saint-Pol ; un souffle d'indépendance passa sur la cité. M. Thellier l'aîné, lieutenant-général, et monsieur son frère, en leur qualité de représentants du prince de Soubise, faisaient depuis longtemps, sous le nom de ce dernier, toutes les nominations. Un parti se forma contre eux, sous la conduite de ceux qui n'étaient point en place et qui désiraient y être.

Les élections n'ayant point tourné à l'avantage de ce parti, on prétendit qu'elles n'avaient point été libres, et que des manœuvres coupables, notamment des " affiches captieuses " et des menaces, les avaient entachées d'illégalité. Ceci ne se passe point de notre temps, mais en 1765. Les mécontents se pourvurent au Conseil d'Artois, et surprirent pendant vacations un arrêt sur requête qui cassait les premières opérations électorales, et ordonnait qu'il en serait fait d'autres en présence du lieutenant-général de la gouvernance d'Arras.

Mais appel de cette sentence fut interjeté au Parlement de Paris par les officiers de la sénéchaussée et l'ancien corps échevinal. Les appelants choisirent pour avocat Me Collet, les intimés Me Trumeau-Duclos ; le rappor-

teur était M. Terray, et l'avocat-général M
Séguier.

De solides mémoires furent, selon l'usage,
imprimés de part et d'autre, et celui des intimés,
lesquels se qualifiaient de « notables, chanoines,
nobles et officiers militaires, avocats, gens
vivant noblement et principaux habitants de
la ville de Saint-Pol, » ne ménageait guère
leurs adversaires. Me Trumeau tonnait avec
force contre le *despotisme* de MM. Thellier ;
c'est textuel : « Il était devenu commun, disait-
il, dans les endroits de quelque considération,
que certaines familles, à la faveur des charges
municipales et des premiers emplois, s'étaient
fait un despotisme. Ces familles se sont accou-
tumées à ne plus regarder leurs égaux que
comme, pour ainsi dire, leurs sujets et leurs
dépendants. Elles voient avec mauvaise hu-
meur que le nouvel édit, en rétablissant les
choses dans leur ordre naturel, appelle au concours de leur autorité des citoyens qui ne méritent pas moins qu'elles les égards de la
ville. »

Ces citoyens ce sont, bien entendu, MM. les
notables, avocats et gens vivant noblement,
tous disposés à se dévouer à leur tour pour le
bien public.

Me Trumeau continue : « Effrayées d'une
loi qui va, sans acception, faire jouir chacun
du droit qu'il a de participer aux honneurs de
la communauté puisqu'il en supporte les charges;
forcées d'abandonner des titres qu'elles ne

peuvent plus tenir, elles veulent au moins conserver, par des ressorts secrets, les restes d'une puissance qui leur échappe.

« C'est ainsi que, malgré les dispositions textuelles de l'édit, les sieurs Thellier frères, l'un lieutenent-général et l'autre procureur-fiscal (soi-disant procureur-général) de la sénéchaussée de Saint-Pol, concertés avec leurs parents et alliés, mis à la tête de l'Hôtel-de-Ville par leur crédit, veulent encore aujourd'hui disposer à leur gré des charges municipales que l'édit défère seulement aux suffrages libres et à la pluralité des voix du général des habitants. »

A ce langage passionné, Me Collet répondait avec une vertueuse indignation. Il demandait à la cour de conserver à ses clients « la considération dont ils ont toujours joui et sans laquelle, avilis aux yeux de leurs justiciables, ils ne pourraient remplir dignement et avec fruit les importantes fonctions de leurs offices. »

L'arrêt qui intervint le 19 mars 1766, réforma sur tous les points celui du Conseil d'Artois; il maintint les premières élections ; ordonna que « les termes injurieux répandus contre les parties de Collet par celles de Trumeau demeureraient supprimés, » et que « le présent arrêt serait imprimé, lu, publié et affiché par tout où besoin serait, jusqu'à concurrence de cent exemplaires, aux frais et dépens des parties de Trumeau. »

Ainsi finit cette lutte mémorable, tempête dans un verre d'eau, mais peut-être l'un des avant-coureurs des orages sanglants qui devaient éclater vingt ans plus tard. Il était peut-être, à ce point de vue, intéressant de la rappeler. Toutefois, en 1788, les traces de ces divisions paraissent depuis longtemps effacées. Les animosités, un moment soulevées contre MM. Thellier, se sont éteintes. On leur a rendu cette justice qu'ils ont toujours exercé leurs charges avec impartialité et zèle pour le bien public. On s'est souvenu qu'ils ont souvent profité de ces emplois et de leur crédit pour rendre service à la ville (1), et qu'au siècle précédent l'un des leurs a engagé pour elle toute sa fortune à des banquiers étrangers. Aussi rien n'empêchera le jeune M. de Poncheville (c'est le nom qu'il prend alors), d'aspirer, dès son retour dans la ville natale, au premier siège vacant dans l'échevinage.

* *

1. « Le Sr Joseph Thellier avait la confiance entière de
» Madame la princesse d'Épinoy. Dans la guerre de 1712 et
» 1713, les deux armées ennemies étaient campées des deux
» côtés de Saint-Pol; M. le Prince de Rohan qui protégeait
» la ville de Saint-Pol, et la garantissait des vexations dont
» elle était menacée, chargea plusieurs fois ledit Sr Thel-
» lier de se rendre au camp du Prince Eugène, général d'ar-
» mée de l'Empereur, à celui de M. le Comte de Tilly,
» général des Hollandais, pour leur remettre des lettres de
» recommandation de la Princesse d'Épinoy pour la ville de
» Saint-Pol, ce qui eut le succès désiré. »
(Arch. départ. de Pas-de-Calais, E, *Titres de famille*, 18
siècle.)

Je n'aurai point fait connaître assez l'état de la petite cité, si je n'ai dit que la vie y est simple et réglée, qu'on ne paraît point y connaître les inquiétudes qui commencent dès lors à agiter Paris ; et que si un jour de l'an 1788, on y parle avec émoi de *Révolution,* il ne s'agit que d'un projet d'ériger le Conseil d'Artois en juridiction souveraine. Il ne faut pas croire cependant que les papiers publics n'y pénètrent pas : je vois qu'on lit la *Gazette de France* à la Sénéchaussée ; mais elle y parvient sans doute lentement, car on est parfois obligé de s'informer à Arras des nouvelles qui circulent, et que la *Gazette* n'a pas encore données.

La poste arrive à Saint-Pol trois fois par semaine. Les communications avec Arras, Hesdin et le reste du monde, sont en outre facilitées par un chariot qui passe à Saint-Pol tous les samedis soir, y couche (*sic*), et en repart le lundi matin.

II. — L'HOTEL SOUBISE.

A famille de M. le subdélégué habite la Sénéchaussée, communément appelée l'hôtel Soubise. C'est là que Mᵉ Jean-Baptiste-Bernard va s'installer en attendant son *établissement* qui ne peut manquer d'être prompt, solide et avantageux. Il occupera. alors la maison que lui a fait bâtir une grand' tante généreuse, Mᵐᵉ Defontaines, « un furieux arc-boutant, » dit la caustique Mᵐᵉ de M***.

Je demande à mes vieux papiers de me faire pénétrer avec eux dans l'intérieur de l'hôtel Soubise. Mais, discrets outre mesure, ils me répondent à peine. Quel charme il y aurait pourtant à évoquer et à faire revivre les mœurs, les habitudes journalières, l'existence intime de ces vieilles familles de bourgeois de robe, à la veille d'une révolution qui va tout changer, tout niveler! Mœurs graves et souvent austères, habitudes simples et studieuses, existence calme et réglée qui n'a rien de commun avec l'idée que nous nous formons parfois de la vie au XVIIIᵉ siècle. Si cette vision brillante et frivole est loin d'être la réalité pour la plupart de nos gentilshommes d'Artois, ceux qui résident dans leurs terres et sont, comme on l'a dit depuis, « les premiers des paysans (1) »,

---

1. *La jeunesse de Robespierre*, par A.-J., Paris.

combien l'est-elle moins encore pour nos magistrats des différentes villes de la province !
Les portraits qui nous en restent ne nous les
montrent point comme des talons rouges ni
des damoiseaux. Leur menton sévère se refuse
avec dédain la poudre de riz dont le contact
ferait frissonner leur rabat empesé ; les in-folio
rouges et poudreux sur lesquels s'appuie
leur main un peu lourde, feraient fuir les
grâces ; et quant à mesdames leurs épouses, si
elles ont eu soin de s'enharnacher pour le pein-
tre, de quelque grand costume de cour, elles
paraissent s'y trouver assez mal à l'aise.

J'ai écrit à dessein *bourgeois* de robe, et je
ne veux point qu'on me chicane sur ce mot.
A part peut-être quelques grandes et anciennes
familles parlementaires, les magistrats de ma
province sont bien des bourgeois, et je ne crois
pas qu'ils aient le mauvais goût de s'en défendre.
Seigneurs de fiefs petits ou grands, portant
armoiries (1), souvent anoblis par leurs charges ou par celles que leurs pères ont exercées,
quelquefois même nobles de race, ils n'ont rien
du gentilhomme. Leurs alliances sont ordinairement bourgeoises, bourgeoises leurs habitudes;
et aux États de la province où les villes les
délèguent, c'est le Tiers-État qu'ils représen-
tent.

L'hôtel Soubise n'est point désert : M. le
procureur-général a sept enfants. Il est juste

---

1. Ordonnance du 29 juillet 1760.

d'ajouter que son père en eut le même nombre, et que son grand-père en avait douze. C'est ce qu'on appellerait aujourd'hui une famille patriarcale. Le père n'est point inquiet sur l'avenir de si nombreux enfants. Avec quelque bien et quelque crédit, de solides études et le désir de plaire aux honnêtes gens, ils sont assurés, Dieu aidant, de se faire une condition sortable. Les uns iront au monde, les autres à l'Église chacune des générations qui ont précédé celle-ci a compté quelque théologien disert, quelque moine pieux comme il y en avait encore beaucoup dans nos abbayes de province, en dépit des bénéficiers de cour. Un frère de M. le subdélégué, dom Winocq, est religieux de l'Ordre de Cîteaux, à Clairmarais. Il vit dans l'étude et la prière, loin des siens, mais n'oubliant pas cependant de s'occuper, quand il le peut, de leurs intérêts temporels. Il demande avec sollicitude si sa nièce songe au mariage et « pousse » ses neveux auprès de l'abbé de Saint-Bertin, dom d'Allennes, député du clergé à la cour, lequel « jouit d'une grande considération dans le Ministère. »

Deux frères de notre avocat se destinent à suivre la même voie. Son cadet, Bernard, vient de passer avec succès sa thèse de philosophie morale à l'Université de Douai, que la science de ses maîtres et la sûreté de ses doctrines ont rendue justement célèbre. Le troisième, Charles, étudie à Paris, au séminaire de St-Firmin ; il est le filleul du Prince de Soubise et l'on espère pour lui, des bontés de M. de Rohan, l'un des premiers canonicats vacants.

Les deux plus jeunes fils de M. le subdélégué, Xavier et Léandre, ont aussi leur direction tracée ; ils sont encore aux humanités, mais la prévoyance paternelle songe déjà à les pourvoir : bien que Xavier n'ait que quinze ans, on lui destine une charge de judicature.

Seul leur frère André a, contre l'avis des siens, pris le parti des armes. Il a dix-neuf ans, et sert dans Dauphin-Infanterie. On n'est pas sans inquiétude sur sa conduite parce qu'il s'est, dès sa jeunesse, montré peu docile aux bons conseils ; mais il ne dégénérera point.

Je ne parle point de la sœur aînée, non plus que de la mère de famille, Marie-Éléonore Mahieu. Ces deux figures apparaîtront ensemble, énergiques et touchantes, au jour du péril, puis au pied de l'échafaud où la mère et la fille se tiendront étroitement enlacées ; jusque-là elles font peu parler d'elles. Sans doute gardiennes modestes du foyer domestique, elles laissent aux mains viriles le soin de l'entourer au dehors de dignité et d'honneur. Elles se contentent d'y faire rayonner la joie, avec l'exemple de ces vertus chrétiennes, dont la tradition n'avait point disparu de nos vieilles demeures provinciales. A côté d'elles, et leur servant de guide auprès des malheureux qu'elles consolent et des pauvres qu'elles soulagent, j'aperçois une tante, Mlle Marie-Anne, qui a voué sa vie à l'exercice de la piété et de la charité. Pour celle-ci, c'est le crime de l'aumône qui la fera jeter en prison : car il viendra bientôt un temps où ces femmes seront des criminelles.

Le chef de la famille a soixante-cinq ans. Un portrait qui date à peu près de cette époque, nous le ferait croire beaucoup plus jeune; j'y remarque un front élevé et qui décèle l'intelligence, un sourire plein de bonté. On le tient pour un homme très instruit. Un historien de son terrible compatriote Robespierre, dira un jour de lui qu'il était « aussi remarquable par ses talents et sa fermeté que par son attachement aux bons principes (1). » Ce dernier témoignage me dispense de faire observer que c'est un chrétien du vieux temps, et qu'il n'a nul goût pour les nouveautés des *philosophes* et des *libertins*.

Sa vie est occupée par le travail ; il la partage entre les devoirs multiples de ses charges. Magistrat intègre et zélé, il est jaloux des prérogatives de la juridiction où il siège, et volontiers il correspond à ce sujet avec ses parents du Conseil supérieur : M. le président Mabille, son cousin germain, et son neveu M. le conseiller Thellier.

Administrateur, il est honoré de l'estime de tous les Intendants qui se sont succédé au département de l'Artois, depuis près de trente ans, que M. de Caumartin l'a nommé subdé-

---

1. *La Vie de Maximilien Robespierre*, Arras, 1850. par l'abbé Proyart, page 150.

légué en survivance de son père. Cette année
méme (1788), M.Esmangart, l'Intendant actuel,
vient de lui donnner une marque de cette estime, en lui envoyant de Paris un exemplaire de
« l'État général des villes, bourgs et paroisses
de la généralité de Flandres et d'Artois, » qu'il
vient de faire imprimer. M. Thellier a collaboré
à ce travail pour ce qui regarde sa subdélé-
gation, et M. l'Intendant lui écrit en termes
flatteurs que le livre est en partie son ouvrage.

Le soin des intérêts de la maison de Soubise
lui demande aussi beaucoup de temps et de
travail, sans parler d'une correspondance fort
suivie avec le secrétaire des commandements
de Son Altesse, M. Lattache d Fay. Il se
complique parfois de procès qu'il faut soutenir
contre le Corps des habitants de Saint-Pol, et
des autres villes ou *Communautés* du Comté.
Et ce n'est pas peu de chose que ces procès.
Il est tel droit de banalité sur lequel on plaide
depuis cent cinquante ans. Souvent le procureur général est pris personnellement à partie ;
les Démosthène du barreau d'Arras déversent
contre lui en de longs mémoires des flots d'é-
loquence ; on ne l'accuse de rien moins que de
tenir « à sa merci les droits, les privilèges, les
titres d'une des villes les plus anciennes du
royaume ! » Ces procès sont nécessaires ; s'ils
n'existaient pas, il faudrait les inventer pour
utiliser les talents des *quatre-vingt-treize* avocats au Conseil d'Artois, dont l'almanach de
1788 nous donne le tableau.

Mais le sage de l'antiquité a dit : que l'arc ne doit pas toujours rester tendu. Nos juristes qui se piquent de lettres n'ignorent point cette maxime et n'ont garde de l'oublier. Le commerce des amis et d'honnêtes délassements trouvent place dans leur vie occupée. La musique et le dessin, ces arts préférés de toute bonne et sage compagnie, ont leurs entrées à l'hôtel Soubise : les révolutionnaires qui plus tard viendront l'envahir, y pourront faire main basse sur « des cahiers de musique, des boëtes de couleurs, des crayons, des dessins, trois violons... », et ces jeunes hommes, ces enfants, qu'ils emmèneront en prison, tromperont les longues heures de leur captivité en traçant sur le papier quelque touchante allégorie.

Les exercices du corps viennent aussi faire trêve aux fatigues de l'esprit. Notre subdélégué possède à peu de distance de la ville un petit domaine qu'il afferme; mais il a eu soin de s'y réserver l'emplacement nécessaire pour un *jeu de Billon* ou de quilles, et le bail stipule que le fermier sera tenu « de l'entretenir de bon sable propre à cet usage. » Sans doute le dimanche après vêpres, ou bien les soirs d'été après une journée laborieusement remplie, il se dirige d'un pas digne mais allègre vers cette retraite. Là sous l'ombrage, au bord de la Ternoise, avec M. de Matringhem le mayeur, M. Carpentier de Pinchemouche l'avocat, et quelques autres parents ou amis, s'engage une vigoureuse partie de *Billons*. En ce moment, on se départ un peu de la gravité qu'il convient d'observer en face des justiciables et des administrés, et loin de leurs regards on échange librement quelques propos d'une honnête causticité. De retour de Paris, M. l'avocat de Poncheville ne pourra manquer d'être admis dans le cénacle, et plus tard la tradition dira qu'il fut d'une adresse remarquable à ce noble jeu cher aux Artésiens.

Voici maintenant l'époque de la chasse. C'est un délassement qui de tout temps sera du goût des gens de robe, et l'on est assuré qu'en ce point la magistrature française ne laissera point périr ses traditions. A l'époque où nous sommes, la chasse n'est permise qu'à ceux qui possèdent haute-justice ou fief ; c'est un des derniers droits seigneuriaux effectifs, et encore est-il bien battu en brèche par les légistes. Mais il n'est pas de magistrat, ni de bourgeois de qualité, qui ne possède quelque fief. Il y a bien longtemps que ceux-ci ne sont plus le monopole de gentilshommes ; et voilà que les plus grosses terres même commencent à glisser de leurs mains appauvries, aux mains de riches roturiers ou de nouveaux anoblis.

M. Thellier va chasser chaque année dans la mouvance de sa petite seigneurie de Poncheville, sise au village de Laires, et « tenue en fief et hommage de l'abbaye d'Ham à une paire d'esperons de relief.» La mouvance est fort mince, mais il tient à ce droit de chasse. Ou bien, il va passer quelques jours au château de Penin, chez M. le comte de Béthune qui l'honore de son amitié ; il profite de son séjour pour recevoir et vérifier les comptes de M. le bailli. D'autres fois il se rend à Sars chez son neveu le Conseiller, dont la terre est située proche de Saint-Pol.

Jean-François-Joseph-Hubert Thellier, écuyer, seigneur de Sars-le-Bois, Baye, et Ostrove, conseiller du roi en son Conseil provincial et supérieur d'Artois, est le fils aîné de feu M. le lieutenant-général André-Dominique, frère de M. subdélégué. Avocat au Conseil d'Artois, il a épousé la fille d'un Conseiller, qui lui a apporté en dot l'office dont son père et son grand-père avaient été successivement revêtus. Auparavant un héritage l'avait fait seigneur de la « Terre, Haute-Justice et Pairie » de Sars-le-Bois ; cette *pairie* est une paroisse de moins de deux cents âmes ! Ce serait une figure assez curieuse à étudier que celle de ces gens de robe, devenus seigneurs haut-justiciers, jugeant pour le roi à la ville, et faisant dans leur terre juger pour leur propre compte. J'ai peine à me les imaginer exerçant, à l'instar des barons du XIIIe siècle, le plus important et le plus redoutable des droits féodaux. La plupart, tout pénétrés de droit régalien, doivent s'en vouloir à eux-mêmes d'usurper ainsi l'un des attributs essentiels de la souveraineté. Est-ce par ce scrupule de conscience ? je ne sais. Est-ce par indifférence ? je le crois : il est certain qu'au XVIIIe siècle, beaucoup ont abandonné peu à peu l'exercice de leurs droits de justiciers.

Notre Conseiller, lui, en conserve au moins l'enseigne ; il a un procureur d'office et un greffier : je voudrais voir fonctionner ce petit tribunal ! Un jour viendra, et il n'est pas loin, où le procureur d'office et son seigneur se présenteront devant les mêmes électeurs, et égaux devant eux en recevront le même mandat. Et sans que ni l'un ni l'autre s'en doute, la besogne qu'ils feront ensemble sera le point de départ d'un nouvel ordre de choses, où il n'y aura plus ni seigneurs, ni procureurs d'office.

Bien qu'il ne prévoie pas cet avenir, M. Thellier de Sars s'est toujours montré doux et humain, comme il convient à un chrétien et à un homme de loi. En pleine tourmente de 793, il osera écrire à ses ci-devant vassaux qu'il les a toujours aimés, et il n'en recevra point de démenti.

Comme magistrat, M. le Premier Président lui a rendu au nom de toute sa compagnie un précieux témoignage en écrivant à M. son père : « Je ne puis assez vous féliciter sur les talents » et les vertus de M. votre fils, ny vous exprimer » mer combien nous sommes contents de l'avoir » parmy nous. »

Aussi ne faut-il pas s'étonner que M. le sub-délégué se rende volontiers aux invitations de son neveu, et prise fort son commerce, tant pour lui-même que pour son fils aîné ; il sait qu'il ne saurait trouver pour celui-ci meilleure société, ni meilleur guide.

* *
*

Parfois la Sénéchaussée est en fête, l'hôtel Soubise reçoit des visiteurs. C'est quelque Président ou Conseiller venu pour présider une enquête dans un procès d'importance. C'est Monseigneur l'Intendant qui quitte son hôtel de Lille, ou sa résidence plus habituelle de Paris, pour se transporter à Saint-Pol. Il descend chez son subdélégué qui le traite en cérémonie ; plus tard on appellera cela des diners officiels. C'est à l'occasion d'un de ces repas, que je rencontre sur les goûts culinaires de M. de Caumartin, un détail qui a sans nul doute échappé aux biographes de ce personnage : « M. » de Caumartin, écrit l'un des convives, s'est » beaucoup réjoui...; le repas a été très bien » servi, il a fait presque son dîné de mouton » et bœuf qu'il a mangé copieusement. »

Le hasard des voyages y amène aussi d'illustres étrangers. Un futur empereur de Russie, — qui l'eût cru ? — a séjourné à Saint-Pol en Artois ; celui qui devait être un jour Paul Ier, le fils de Catherine II, est venu en parcourant l'Europe, échouer dans la grave demeure de notre Magistrat. Les détails nous manquent sur cette visite princière. Elle nous est révélée par une lettre écrite bien des années plus tard, en 1819, par M. Thellier de Poncheville, le fils, à l'ambassadeur de Russie à Paris : « Feu mon père, écrit-il, procureur-général à Saint-Pol en Artois, a eu l'honneur de recevoir le comte et la comtesse du Nord. Le comte de Soltikow qui logea aussi chez lui le lendemain avec la suite des illustres voyageurs, voulut m'emmener en Russie, etc.» La tradition ajoute qu'en souvenir de leur passage les « illustres voyageurs » laissèrent à leurs hôtes une riche pièce d'argenterie.

Il eût été intéressant de savoir quel attrait puissant avait attiré le comte du Nord sur les bords de la Ternoise ? Peut-être une simple question de relais...

Une autre fois, et quelques semaines après le retour de notre avocat au logis paternel, trois générations de princes du sang vinrent demander l'hospitalité au Subdélégué de Saint-Pol. Pour ceux-ci le souvenir de leur passage a été précieusement conservé. Leur hôte a pris soin de le consigner de sa main, sur les derniers feuillets d'un gros Commentaire manuscrit de la coutume de Saint-Pol, sorti de la plume paternelle. C'est une petite esquisse de mœurs qui est digne d'être reproduite. A la suite d'une recette sur le «baume charitable ou anti-apoplectique », on lit :

« *Mémorial*,

» Le 28 août 1788, Monseigneur le prince de » Condé, Monseigneur le duc de Bourbon ,son » fils, et Monseigneur le duc d'Enghien, son

» petit-fils, accompagnés de cinq officiers-géné-
» raux, sont venus descendre, souper et coucher
» chez Me Bernard-François-Guillaume Thel-
» lier, sieur de Poncheville, avocat en parlement,
» subdélégué de l'Intendance de Flandre et
» Artois au département de Saint-Pol, et Pro-
» cureur-général des Ville, Comté et Séné-
» chaussée de Saint-Pol, et en sont repartis le
» lendemain 29, à sept heures et demie du
» matin, pour se rendre au camp, près de Saint-
» Omer, que le Prince commandait. »

Suit la copie de la correspondance échangée
à ce sujet avec l'Intendant de la province et
avec les Princes. Quelques-unes de ces lettres
sont curieuses.

Voici d'abord en quels termes, le subdélégué rend compte à M. l'Intendant de la réception :

« J'ai reçu par un courrier le 28 de ce mois,
à six heures du soir, la lettre que vous m'avez
fait l'honneur de m'écrire, qui m'annonçait l'arrivée de Monseigneur le prince de Condé, de
Monseigneur le duc de Bourbon et de Monseigneur le duc d'Enghien. A sept heures et un
quart, ces illustres princes arrivèrent, descen-
dirent, soupèrent et couchèrent chez moi ;
j'avais fait illuminer l'hôtel que j'habite et la
ville a suivi mon exemple. Le Magistrat que
j'avais prévenu s'est acquitté de son devoir ;
enfin j'ai fait en peu de temps tout ce qui a
dépendu de moi pour marquer à leurs Altesses
la joie que causait généralement leur présence.

» Que d'obligations, Monseigneur, ne vous ai-je point de m'avoir procuré l'extrême honneur de recevoir trois aussi grands princes. Cette journée la plus belle de ma vie sera éternellement gravée dans ma mémoire et dans celle de ma postérité. J'ose vous assurer que ma reconnaissance égale la haute et inappréciable faveur dont j'ai joui. »

Le prince de Condé a bien voulu promettre son portrait à son hôte. Celui-ci croit devoir lui rappeler délicatement cette promesse :

6 septembre 1788.

« MONSEIGNEUR,

» Tandis que l'histoire apprête à vos vertus ses plus beaux crayons, e bonheur d'en avoir été quelques instants l'admirateur et le témoin doit me suffire, sans avoir la témérité de toucher à leur éloge.

« Pour peindre un Alexandre il faut être un Appelles ! »

» Daigne du moins votre Altesse recevoir avec cette héroïque bonté dont elle a bien voulu me faire jouir, l'hommage de la plus ineffable reconnaissance dont reste à jamais pénétré mon cœur, après avoir été le dépositaire de trois princes adorés de la France entière et le gardien de leur précieux repos !

» Puissé-je ajouter à mon bonheur celui du souvenir de votre illustre protection si généreusement promise, et de votre auguste portrait ! »

De si belles choses mises en termes si galants valent bien une réponse. La voici datée du camp de Saint-Omer :

« Je n'ai point oublié, Monsieur, les attentions que vous avez eues pour moi, et le désir que vous m'avez témoigné d'avoir mon portrait, je serai fort aise de vous satisfaire là-dessus sitôt que cela me sera possible. Je vous prie, Monsieur, d'être persuadé de ma façon de penser pour vous. »

　　　　» HENRY-JOSEPH DE BOURBON. »

Mais ce n'est point assez d'un portrait ; les hôtes improvisés des trois princes ne peuvent plus se passer de contempler leurs traits chéris. Il faut donc que l'image des ducs de Bourbon et d'Enghien se joigne à celle du prince de Condé. C'est Madame Thellier qui est chargée de solliciter cette nouvelle faveur. Elle prend courageusement la plume et écrit au duc de Bourbon.

　　　　« MONSEIGNEUR,

» Quand les dieux de l'antiquité voyageaient sur la terre, leur passage était toujours signalé par quelque bienfait.

» Ayant eu le bonheur, mon mari et moi, d'en loger trois à la fois et bien plus réels que ceux de la fable, dans l'auguste personne de Monseigneur le prince de Condé, dans la vôtre Sérénissime, et celle de Monseigneur le duc d'Enghien, quel espoir ne nous est pas permis en la bienveillance d'aussi magnanimes et illustres hôtes !

» Puisse donc votre Altesse pardonner à une femme, que votre affabilité rassure, la hardiesse d'implorer de votre munificence et de celle de Monseigneur le duc d'Enghien vos portraits, seuls dignes d'accompagner celui de Monseigneur le prince de Condé, dont la grâce nous est promise.

» Ce triple bienfait, en immortalisant la plus pure reconnaissance dans nos cœurs, éternisera d'âge en âge les bénédictions d'une nombreuse famille et de sa postérité sur trois princes que leurs vertus placent déjà parmi les héros ! »

Je ne puis m'empêcher de penser que M. le subdélégué a donné le dernier tour à ce morceau qui n'est point sorti en cet état de la main d'une femme. Dieu merci, son style n'est pas toujours à ces hauteurs ; dans les lettres de famille ou d'affaires, il est sobre, correct, précis, empreint d'une certaine dignité, mais sans aucune emphase. Mais que voulez-vous ? un magistrat de Saint-Pol n'écrit pas tous les jours à des demi-dieux !

Notre siècle sceptique ne comprend plus ce culte pour les grandes races et pour le sang royal ; et peut-être plus d'un royaliste de nos jours serait tenté d'en sourire. Mais le sourire s'arrête sur les lèvres, quand on songe que ce culte, tout désintéressé d'ailleurs, n'était qu'une forme du patriotisme..., et que bientôt il allait se traduire par le martyre.

*
* *

Tel est le milieu, comme on dirait de nos jours, dans lequel notre nouvel avocat se trouve placé en rentrant dans sa ville natale. La vie s'ouvre à lui douce et facile, sans souci ni incertitude, sans autre fatigue que celle de l'étude qu'il aime avec ardeur. Elle s'écoulera comme s'est écoulée celle de ses pères, dans le calme de sa petite ville, dans la dignité modeste des charges municipales et judiciaires, entourée de considération et d'estime par les honnêtes gens du bailliage ou de la province ; et il s'éteindra, léguant à ses enfants le même héritage...

Tout d'abord, il débute avec succès au barreau de la Sénéchaussée ; son réel talent mis à part, comment ce Tribunal de famille l'accueillerait-il autrement qu'avec des sourires bienveillants ?

Une place d'échevin est vacante quelques mois après son arrivée, et le 26 décembre 1788, les électeurs lui souhaitent la bienvenue en le désignant à l'agrément du prince. Celui-ci, à qui nul choix ne peut être plus agréable, s'empresse de le ratifier.

Le 26 février suivant, le nouvel échevin prête serment aux mains de son père et de son cousin le lieutenant-général, et le 28, le Magistrat assemblé le nomme à l'unanimité député aux États de la province.

Enfin, le 9 avril 1789, (quelle date !) il est élu le second par l'assemblée des députés des villes, bourgs, paroisses et communautés du ressort de la sénéchaussée de St-Pol pour prendre part au chef-lieu de la province « tant » à la rédaction en un seul de tous les cahiers(1) » qu'à l'élection des huit députés du Tiers-» État à envoyer de la province aux États-» Généraux, donner en outre à ces huit députés » tous pouvoirs généraux et suffisants pour » proposer, remontrer, aviser et consentir tout » ce qui peut concerner les besoins de l'État, » la *réforme des abus, l'établissement d'un ordre* » *fixe et durable* dans toutes les parties de

1. Le cahier de la ville de St-Pol était l'œuvre de M. Thellier de Poncheville. Voici comment s'exprime à ce sujet le procès-verbal, conservé au registre des délibérations de l'Échevinage :

« Lorsqu'il fut question de la rédaction du cahier de do-» léances, chaque représentant présenta le sien ; Mᵉ Thellier » de Poncheville, avocat, échevin, fit la lecture d'un projet de » doléances qui fut reçu par acclamation et rédigé à l'instant » sans en retrancher aucun article ; on n'y ajouta que quatre » à cinq articles des autres cayers. »

Les vœux formulés dans ce cahier portent notamment sur : l'unité et l'égale répartition de l'impôt consenti par la nation, la responsabilité des ministres, le retour périodique des États-Généraux, la réforme de la justice civile et criminelle, l'abolition des lettres de cachet et le droit pour chacun d'être jugé par ses juges naturels, la liberté de la défense, la réforme dans l'administration et la publicité des comptes, l'égalité parfaite de charges et d'influence entre tous les citoyens.

Voilà bien le « Vrai 89 ».

» l'administration, la prospérité générale du
» royaume et le bien de tous et de chacun des
» sujets de Sa Majesté »

Les États-Généraux sont convoqués, ils
vont devenir Constituante, la Révolution commence.

C'est le moment où la médaille dont nous
venons d'examiner curieusement l'une des
faces, va se retourner brusquement, et nous
montrer une autre effigie. La parole est maintenant à notre Échevin, ou plutôt aux *Lettres
de mon Grand-Père*.

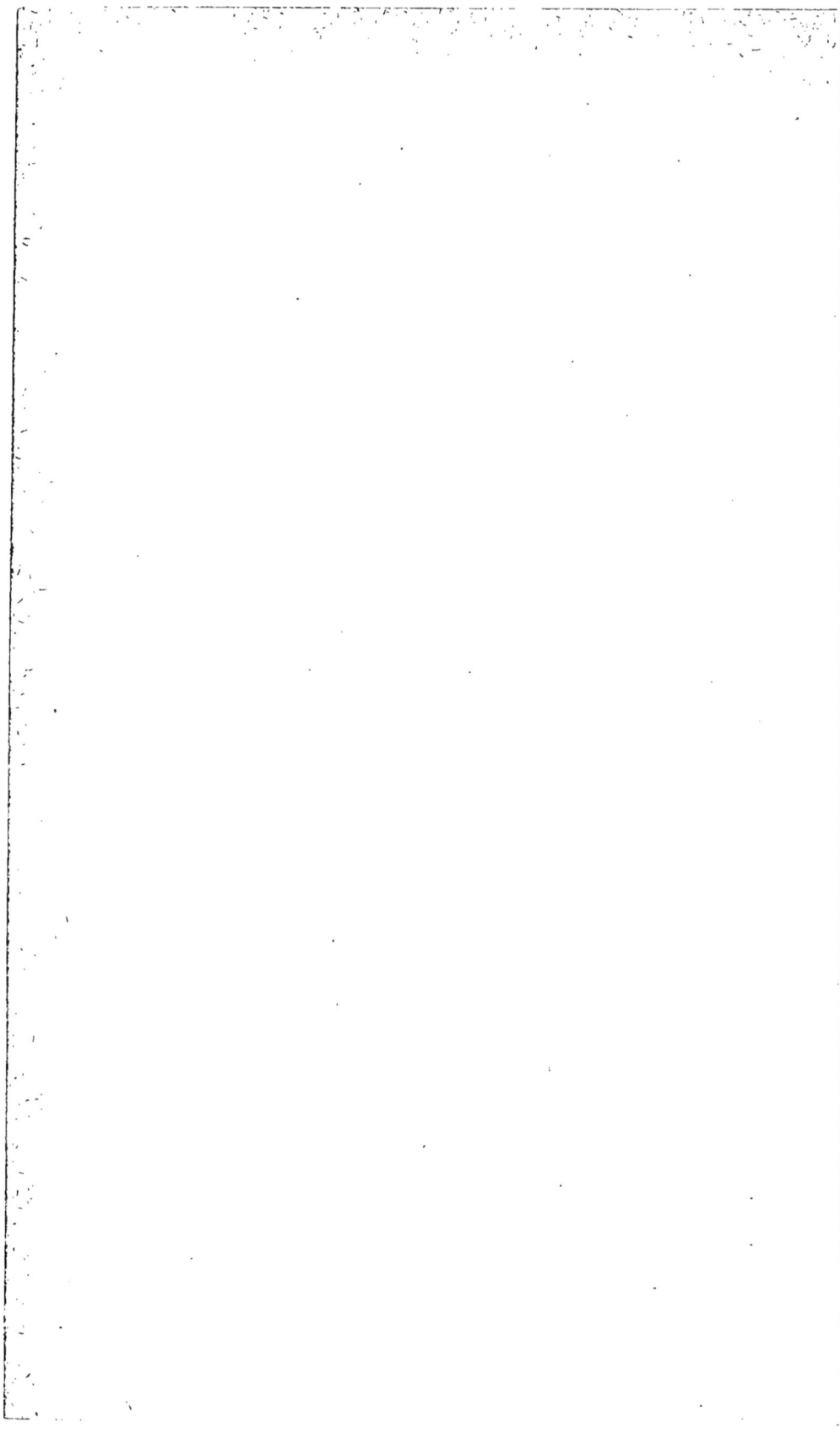

LES LETTRES
DE
MON GRAND-PÈRE.

LES LETTRES
DE
MON GRAND-PÈRE.
1789-1795

L E récit qu'on va lire est extrait d'une correspondance échangée en 1826, entre M. J.-B.-B. Thellier de Poncheville (alors Procureur du Roi à Valenciennes) et un de ses anciens condisciples de Sainte-Barbe, M. l'abbé Aubrelicque, doyen de Montdidier. Les deux amis, s'étant retrouvés après une séparation de quarante années, furent amenés à se raconter leurs aventures, pendant la tourmente révolutionnaire qui les avait atteints tous les deux. On a respecté scrupuleusement la narration de l'ancien échevin de Saint-Pol, sans se permettre d'en altérer le style sous le prétexte de corriger certaines négligences, que nul ne s'étonnera de rencontrer dans une correspondance d'un caractère aussi intime. Mais on a élagué tout ce qui était étranger à cette narration et en interrompait la trame.

I. — LES DÉBUTS DE LA RÉVOLUTION A SAINT-POL.

« En 1789..., je touchais à ma vingt-cinquième année. On parlait de réformer les abus; j'ignorais l'arrière pensée des conjurés ; je ne voyais qu'un avenir plus heureux et j'y souriais (1).

» Mais lorsque je vis les passions se déchaîner ; lorsqu'il me fut démontré que tout tendait au renversement de l'autel et du trône, je me prononçai hautement contre les novateurs. — Mon père, ma mère, ma sœur et mes cinq frères m'encourageaient ; mais nous étions divisés au Magistrat.

» Le député des États d'Artois à la cour (2), trahissant son mandat, voulut nous entraîner dans sa rébellion ; il avait fait un écrit intitulé *le Tocsin* et commençant par ces mots : « *Unda, unda, unda, accurrite cives !* » Il osa nous le dédier. Voici la réponse que je proposai au

---

1. Tous les contemporains attestent combien fut alors général ce sentiment de confiance absolue dans l'avenir. Et il était aussi vif chez les vieillards que chez ceux qui « touchaient à leur vingt-cinquième année. » Le père de notre échevin, ce calme et austère magistrat, avait prononcé, à l'ouverture de l'assemblée électorale de son bailliage, un discours *sur l'origine des trois ordres de la nation française et les droits du Tiers-État*, qui est un véritable dithyrambe en l'honneur de la « Constitution solide et éternelle, » que les 3 ordres allaient donner à la nation.

2. M. Guffroy, avocat, ancien échevin des ville et cité d'Arras.

Magistrat qui l'adopta à la majorité : «.Votre dédicace est une insulte faite à des magistrats fidèles, nous la rejetons avec horreur ; le feu a fait justice de votre écrit incendiaire. »

» Malheureusement la division augmentait parmi nous ; cependant j'obtins encore de mes collègues l'arrestation du premier habitant qui arbora la cocarde tricolore ; mais n'étant pas secondés par l'autorité supérieure, il fallut céder.

» La disette des grains vint ajouter aux dangers de notre position.

» Le peuple, témoin de nos efforts pour lui procurer du pain, nous témoignait de l'attachement, malgré les efforts que l'on faisait pour l'exciter à la révolte. Des factieux qui criaient famine se glissaient dans la foule ; j'en saisis un un jour, au collet, et je dis à deux sergents de me conduire à son domicile ; je fis ouvrir un grand coffre que je trouvai rempli de blé : cette leçon lui profita et je n'eus plus jamais à m'en plaindre.

» Nous avions taxé le pain ; un boulanger refusa de cuire, je fis ordonner la démolition de son four pour le lendemain ; mais il fit force pain et il obtint grâce.— Quelque temps après, il prétexta qu'il n'avait plus de blé, je fis ouvrir ses greniers et nous y trouvâmes soixante-dix rasières de blé.

» Nommé Député à l'Assemblée bailliagère d'Arras, je fis mes efforts pour écarter les factieux ; il était trop tard, le mal avait gagné les campagnes, et les cultivateurs nommèrent Robespierre, qui, par la suite, leur témoigna sa reconnaissance en les privant de leur liberté et en les envoyant à l'échafaud. »

* * *

L'histoire nous dit en termes généraux au prix de quelle dévorante activité et de quelles manœuvres, le futur Dictateur parvint, après trois jours de scrutin et un ballottage malheureux, à se faire nommer Député de l'Artois (1). Mais elle a dédaigné de nous transmettre le détail des luttes ardentes qui précédèrent l'élection. Notre jeune délégué de Saint-Pol fut-il amené alors à se mesurer avec l'ambitieux avocat d'Arras, et obtint-il contre lui quelques succès oratoires ? Une tradition l'affirme, et j'en trouve l'écho dans une biographie de Robespierre que j'ai déjà citée. Cette tradition mérite au moins d'être recueillie. Voici ce que dit le biographe : « Toute une famille de Saint-Pol du nom de Thellier fut condamnée à mort, parce qu'aux assemblées d'élections de députés, Robespierre avait essuyé l'humiliation d'un parallèle peu flatteur entre lui et un membre de cette respectable famille (2). »

* * *

« Le mot aristocrate ne produisant plus

1. Paris. *La jeunesse de Robespierre et la convocation des États-Généraux en Artois*, p. 412 et suivantes.

2. *La vie de Maximilien Robespierre*, par l'abbé Proyart.

chez nous l'effet qu'on attendait, les révolutionnaires substituèrent celui d'*accapareurs de
grains* qui souleva le peuple au point que nous
pouvions à peine l'empêcher de se livrer aux
plus grands excès contre ceux qu'on lui signa-
lait. Un bourgeois avait cru prudent d'abandonner la ville ; on accusa ensuite un chanoine;
un homme soudoyé tenta de l'assassiner, il en
fut empêché et j'aidai moi-même à le conduire
en prison.

» Vint le tour du Receveur des États d'Artois qui prit la fuite ; on n'en voulait qu'à sa
place qu'il allait perdre.

» A cette époque la division était à son
comble dans le Magistrat ; nous tenions séance
à trois et les autres s'étaient réunis au club.
Le père de notre Receveur obtint des États
pour notre ville douze voitures de blé ; il en fit
part à ceux de nos collègues qui nous avaient
abandonnés, en leur mandant que tel jour il
accompagnerait ces voitures à Saint-Pol, avec
son fils, et qu'il descendrait à l'Hôtel-de-Ville
où il les priait de se rendre. — Mes fidèles
collègues, et moi ne savions rien ; les voitures
arrivent sur la place. Je demeurais chez mon
père en face de l'Hôtel-de-Ville ; M. Détape,
l'un de mes braves collègues, était alors avec
moi ; nous vîmes nos collègues parjures se
rendre à l'Hôtel-de-Ville, pour y recevoir le
Receveur et son père qui ne nous firent point
avertir.

» Bientôt nous voyons le peuple se porter

en masse du même côté, et nos Échevins félons sortir précipitamment sans être accompagnés de ces Messieurs. Je dis à M. Détape : « Courons, il y a du danger ! » Il me suit (il était père de six enfants) ; nous arrivons, on criait : à la lanterne ! Nous écartons la foule et nous voilà près des deux victimes qui nous croyaient leurs ennemis, et qui allaient succomber après avoir distribué leur or à des misérables, que faisait mouvoir celui qui ambitionnait la place du Receveur. Je haranguai la multitude qui m'écouta et parut se calmer, mais elle ne désemparait point et le soir favorable au crime venait. Je m'approchai de ces messieurs, et leur dis : « Vous êtes perdus si vous restez ici, » ceux en qui vous aviez mis votre confiance » vous ont abandonnés , suivez-nous ; nous » vous sauverons ou nous périrons avec vous.»

« Je fais un dernier effort, je parle aux factieux présents ; je vais haranguer les autres sur la place, je rentre, je prends sous le bras le Receveur, M. Détape s'empare du père, et je dis avec fermeté : « Sortons, il est temps, qu'on fasse place. » On se range, nous sortons ; mais arrivés sur la place, les cris : A la lanterne ! se font entendre de nouveau, on nous entoure le poing levé ; je prends le Receveur dans mes bras, je crie avec force : « Frappez, si vous l'osez sur votre Magistrat, vous n'au- » rez la vie de celui qui vous apporte du pain » qu'en marchant sur mon cadavre.» Le peuple paraît dans la stupeur, nous profitons du moment pour avancer, on ne nous suivait plus que de loin. — Mon Receveur étant plus en butte à la haine que son père, j'allais en avant, le tenant toujours sous le bras ; M. Détape qui tenait son père, contenait les plus furieux

» Tout à coup l'un d'eux s'élance sur le Receveur et le saisit. Je ne sais comment cela s'est fait ; en moins d'une minute je le débarrassai et je mis l'assassin sous mes pieds sans qu'il osât remuer ; il paraissait enchaîné à la terre comme par une puissance surnaturelle et personne ne venait à son secours. M. Détape me rejoint, je cours après mon Receveur que je prends par le bras, et qui se débat sans oser se retourner ; je lui dis : « Calmez-vous, c'est moi. »

« Enfin nous gagnâmes une auberge où nous les fîmes entrer ; nous en fermâmes la porte et restâmes en faction jusqu'à près de minuit, toujours haranguant le peuple qui essaya une fois d'enfoncer la porte. Déjà une planche était détachée, le danger augmenta encore notre courage et nous obtînmes de faire rattacher la planche.

» Pendant ce temps-là, les gens de la maison faisaient évader nos deux prisonniers ; on vint me dire à l'oreille qu'ils étaient hors de danger, le bruit s'en répandit, on voulut s'en assurer. J'engageai les plus animés à nommer six d'entre eux pour nous accompagner dans l'auberge; ils y consentirent, je fis ouvrir. Les six députés entrent avec nous, ils furettent partout et ne

trouvent pas ce qu'ils cherchent ; je leur demande s'ils ont visité la cave ; ils y courent,
peine inutile ! Je ne sais ce qui me passa par
la tête ; quand j'y réfléchis, je ne conçois pas
comment ils n'ont pas tourné leur fureur contre moi, après une dernière recherche que je
leur fis faire. « Avez-vous regardé, leur dis-je,
dans les tonnes ? » Non, et vite ils retournent
à la cave, remontent et disent : « Ils n'y sont
pas. » — « Vous êtes satisfaits, leur dis-je
» encore, il est temps de nous retirer, demain
» nous distribuerons le blé au prix fixé par les
» États.» Nous quittons l'auberge, les députés
rendent compte aux autres de leur mission,
tout le monde quitte le champ de bataille (1).

» Les victimes arrivent à Arras sans autre
accident ; ils rendent compte de ce qui s'est
passé aux États qui nous félicitent et nous
remercient. Les Magistrats qui avaient pris la
fuite nous accablèrent aussi de compliments.
Nous n'avions cependant fait que notre devoir.

» Les factieux, honteux de leur défaite, cherchèrent à s'en venger. Un jour, je passais paisiblement dans la rue ; on battait la générale,
j'entends quelqu'un dire : « *il n'a pas peur.* » Je
fais peu d'attention à ce propos, je rentre à la

1. Cette scène est du 19 juillet 1789. Elle est racontée avec
les mêmes détails dans une lettre écrite le 21 par M. Thel-
de Poncheville à M. Thellier de Sars, et qui permet de constater l'entière fidélité de ces Souvenirs écrits trente-sept ans
plus tard.

maison ; je trouve ma mère consternée, elle me dit : « Sauve-toi ! » Je lui demande le motif, elle me dit : « Tu ne sais rien ! On assemble » le peuple pour demander ta tête et celle de » M. Détape. On vous accuse de la disette de » grains. » Je me mets à rire : j'étais au pain de mon père et jamais je n'avais acheté un grain de blé. Je parviens à rassurer ma mère et j'attends l'issue de ce complot ridicule. Tout à coup, je vois quatre fusiliers qui dirigent leurs pas du côté de notre maison, je cours au fusil de mon père et je les attends, ils ne pensaient pas à moi ; ils allaient chercher le commandant de la Garde nationale.

» Lorsque tout le monde fut réuni à l'Hôtel-de-Ville, l'un des factieux prit la parole et dit qu'il allait dévoiler notre conduite criminelle ; il rappela nos efforts pour sauver deux accapareurs de la fureur du peuple, preuve que nous étions leurs complices ; il demanda qu'on fît un exemple, qu'on ramènerait l'abondance dans la ville. Le peuple ne voulut point en entendre davantage, il murmura contre l'orateur. Je le vis sortir en masse de l'Hôtel-de-Ville sans connaître alors ses intentions ; je le voyais calme, et en effet il ne cherchait point à me nuire. Bientôt nous apprîmes le dénouement ; et pour peu que nous ayions voulu nous venger, c'en était fait de mes dénonciateurs, qui plus tard se sont associés aux crimes des bourreaux de la France et ont terminé par le supplice, la vie qu'ils voulaient ôter à ceux qui ne leur

avaient jamais fait de mal ; que Dieu leur fasse
miséricorde ! »

* * *

« J'étais encore échevin au 6 octobre 1789.
Lorsque j'appris les horreurs des 5 et 6, je proposai à mes collègues et leur fis adopter l'a-
dresse suivante au Roi :

» 10 octobre 1789.

Les Magistrats de la ville de Saint-Pol au Roi.

» SIRE :

» Permettez à des sujets fidèles, à des Ma-
» gistrats embrasés d'amour pour leur Auguste
» Souverain dont ils partagent les malheurs,
» de faire parvenir au pied du Trône l'expres-
» sion des sentiments qui les animent. A peine
» rassurés sur les jours précieux de Votre Ma-
» jesté, nos cœurs encore palpitant de dou-
» leur et d'effroi, volent vers vous pour vous
» assurer que vous y régnez toujours, qu'ils
» abhorrent le crime dont viennent de se souil-
» ler d'infâmes régicides.

» De quelle juste horreur n'avons-nous pas
» été pénétrés à la nouvelle des scènes san-
» glantes qui ont eu lieu dans les trop fameu-
» ses journées des 5 et 6 octobre !.....

» Votre Palais entouré par une horde d'as-
» sassins soudoyés, vos gardes massacrés pres-
» que sous vos yeux, votre personne sacrée,
» celle de votre auguste épouse, menacées par

» ces vils scélérats... Quel tableau déchirant
» pour nous !...

» Ah ! Sire, vous le meilleur, le plus vertueux
» des Rois, le plus digne d'être aimé. Pourriez-
» vous cesser d'être heureux ?

» Quoi, vous connaîtriez le malheur !...Venez,
» venez au milieu de nous, vous nous l'avez
» promis, hâtez ce moment désiré ; venez
» comme un bon père au milieu de ses en-
» fants qui le chérissent et l'honorent ; venez
» les rassurer par votre présence et recevoir
» le tribut de leur amour et de leur vénération.

» C'est dans nos provinces, que vous con-
» naîtrez le cœur de vos sujets, venez, notre
» amour et notre reconnaissance vous dédom-
» mageront de ce que vous avez souffert.

» Ah ! Sire, que n'êtes-vous déjà au milieu
» de nous ! Vous y viendrez, nous aimons à le
» croire, déjà il nous semble vous voir , vous
» jurer de rester fidèles. Cette idée nous trans-
» porte, l'espoir nous tient presque lieu de
» réalité !.... Pourriez-vous, Sire, n'être pas sen-
» sible aux vœux ardents de ceux qui brûlent
» de verser jusqu'à la dernière goutte de leur
» sang pour la conservation des jours de Votre
» Majesté !.....

» Était signé : THELLIER DE PONCHEVILLE,

» GUFFROY et DÉTAPE. »

*
* *

« Bientôt après nous fûmes remplacés par des municipaux ; les juges furent aussi remplacés par d'autres ; cependant notre ville ne fut point agitée pendant l'année 1790. »

*
* *

Ce calme était dû à la présence aux affaires de quelques honnêtes gens qui n'avaient point déserté les fonctions publiques. Si le Procureur-Général de la Sénéchaussée avait vu des hommes nouveaux, Commissaire du Roi et Accusateur public, le remplacer sur son siège de magistrat, il était resté investi de fonctions administratives.

L'ancien Subdélégué est devenu en effet l'un des quatre Directeurs du district, et malgré bien des tristesses et bien des dégoûts, il conservera cette charge jusqu'en 1792. Il est de ceux qui n'ont point perdu courage dès le premier jour, laissant ainsi la partie belle à la faction qui, de la réforme, voulait faire la destruction. Ah ! cette âme honnête a déjà, comme tant d'autres, perdu bien des illusions ; il a été de courte durée l'enthousiasme avec lequel le Procureur-Général de Saint-Pol déclarant ouverte, au nom du Roi, l'assemblée électorale de 1789, s'écriait : « Il est enfin tombé ce voile » épais qui, pendant tant de siècles, a obscurci » l'horizon de la France ! A peine était-il sou-» levé par la main bienfaisante du monarque » qui la gouverne, que des millions d'individus, » attentifs à ce signal, en ont déchiré la con-

» texture odieuse. Depuis cette révolution
» dont le souvenir ne s'effacera jamais, les
» Français se livrent à la douce espérance de
» voir une longue suite de jours sereins   »
L'orage a grondé bien vite dans ce ciel serein !
Mais si l'enthousiasme est éteint, un sentiment
plus éclairé et non moins vif lui a succédé,
celui du devoir. Notre magistrat a voulu espérer, — tant que l'espoir a été permis, — que les
injustices et les réactions violentes n'auraient
qu'un temps, et qu'un jour le mouvement national, salué jadis avec tant de confiance, re-
prendrait enfin son cours vers ce but que les
esprits sages, comme les vœux des cahiers, lui
avaient assigné, savoir : « la réforme des abus,
l'établissement d'un ordre fixe et durable dans
toutes les parties de l'administration, » sous
l'abri de la monarchie nationale et représenta-
tive. Il a cru que, dans tous les cas, les hommes
de cœur avaient pour devoir, non de crier
anathème sur tout ce qui était nouveau, mais
de rester fermes au poste pour aider au bien et
empêcher le mal. Et il y est resté jusqu'à l'heure
où le flot du mal a tout submergé. Mais jamais
il n'a transigé avec sa conscience ; quand
viendront les décrets violateurs de la foi et de
la liberté religieuses, le Directeur du district
sera debout aux côtés de son fils, l'exhortant
dans la lutte et appuyant de son autorité les
plus courageuses protestations.

*
* *

II. — Constitution civile du Clergé. Protestations ; premières persécutions.

« Je m'étais entièrement voué à la profession d'avocat qu'on me laissait exercer sans exiger de serment. J'aurais pu jouir d'une certaine tranquillité, mais après cette fatale constitution dite *civile* du Clergé, je pris la plume et j'écrivis au rédacteur de l'*Ami du Roi* la lettre suivante, qu'il inséra dans sa feuille du 2 février 1791.

» Saint-Pol-en-Artois, le 29 janvier 1791.

» Monsieur,

» Quoique laïque, je n'ai pu voir sans la plus
» vive douleur le décret irréligieux qui prescrit
» aux prêtres fonctionnaires publics un ser-
» ment qu'ils ne peuvent prêter sans crime. On
» assure que tous les prêtres de cette ville,
» préférant l'indigence à l'infamie qui attend
» ceux qui trahissent le cri de leur conscience,
» s'y refuseront. Les amis de la religion applau-
» dissent avec transport à leur généreuse réso-
» lution; d'autres, en petit nombre, les blâment
» et semblent même vouloir les intimider. Mais
» je déclare hautement que s'ils sont assez
» scélérats pour tenter de les insulter, ils ne
» parviendront jusqu'à eux qu'après m'avoir
» arraché la vie, trop heureux, si je puis sceller

» de mon sang leur profession de foi qui est
» et sera toujours la mienne. Aimant ma tran-
» quillité j'ai gardé jusqu'à présent le silence,
» mais aujourd'hui que la religion est menacée,
» ne pas le rompre serait un crime. Fidèle à
» Dieu et au Roi, je ne crains rien, pas même
» la mort qui deviendrait bientôt une faveur,
» si la Providence ne mettait un terme à nos
» maux.

 » Nous allons ouvrir une souscription en
» faveur de tous les prêtres qui refuseront
» d'apostasier.

 » THELLIER DE PONCHEVILLE, Avocat. »

 « Les révolutionnaires me dénoncèrent à
toutes les autorités. Le Bas qui depuis devint
régicide, ami et complice de Robespierre, et
se brûla la cervelle le 9 Thermidor lorsqu'il
fut arrêté avec lui, était alors avocat à Saint-
Pol ; j'allais porter la parole au Tribunal dans
une affaire dont j'étais chargé, lorsqu'il demanda
à parler. L'*Ami du Roi* à la main, il fit la lecture de ma lettre et dit aux juges : « Je rou-
» girais d'avoir pour confrère un homme qui
» affiche des sentiments aussi anticiviques ;
» l'honneur me défend de communiquer avec
» lui ; je demande son expulsion du barreau. »
Un autre appuie la motion, puis un troisième
qui est aujourd'hui........ (le second a péri
comme complice de Fouquier-Tinville). Un
quatrième dit : « Pour moi, je m'honorerai
» toujours d'avoir pour confrère M. Thellier

de Poncheville ». Il portait mon nom (1), il a
péri. Un cinquième fait la même déclaration
(il est mort en prison); un sixième, idem, (on ne
l'a pas inquiété). — Le Procureur du Roi prend
ma défense, et demande qui a chargé le Tribunal de juger mes opinions. On délibère ; un
juge qui a depuis condamné la Reine (2), opine
pour mon expulsion ; il est appuyé par un
autre qui est mort sur un grabat. Trois autres
sont d'un avis contraire, et le Président m'or
donne de plaider. Pendant qu'on délibérait je
dis au motionnaire : « Votre procédé me fait
pitié », il répond : « Votre pitié me fait honneur ». En entendant le sujet de sa motion, il
s'écrie : « Je renonce au barreau aussi longtemps que M. Thellier de Poncheville le souil-
lera de sa présence » ; les deux autres en disent
autant et tous trois se retirent. Le motionnaire
devait plaider contre moi, je dis aux juges :
« La partie de Me Le Bas ne peut être victime
» de sa passion : ses intérêts sont trahis, elle
» est sans défense, je n'abuserai point de sa
» position, je demande la remise de l'affaire à
» huitaine pour qu'elle puisse faire choix d'un
» autre avocat. »

« Me Le Bas qui était à la porte, et m'avait
entendu, revient sur ses pas et dit : « Je con-
» nais trop le patriotisme de mon client pour
» n'être point convaincu qu'il applaudira à ma

1. Henry Thellier de la Neuville.
2. Lanne.

» conduite ». Il part et va me dénoncer au Département, au Ministre et à l'Assemblée constituante.

» Il tint bon pendant six semaines ; après ce laps de temps, il revint au Tribunal Je plaide et lorsque j'ai terminé, il se lève pour répliquer; je parais étonné et lui dis : « Qu'est devenue votre résolution ? » Alors il lit une lettre du Ministre portant que son Excellence a vu avec peine mes sentiments anticiviques, mais qu'en applaudissant aux siens, elle l'engageait cependant à retourner au barreau pour ne pas priver le public de ses talents. Les deux autres cessèrent aussi de bouder et revinrent au Tribunal, attendant une occasion plus favorable de m'en expulser.

» Après ma profession de foi, vous pensez bien que je ne vis qu'avec horreur les nominations de l'Évêque et des Curés schismatiques et instrus. Le curé qui fut imposé à notre ville, y avait été vicaire ; il avait refusé l'Évêché et passait pour un prêtre vertueux et instruit ; il avait répondu à l'un de ses confrères : « Rassurez-vous, mon cher confrère, je n'ai point prêté le serment impie décrété par l'Assemblée ; plutôt la mort que l'apostasie !.. » et il accepta ! Un de nos vicaires sorti de Sainte-Barbe, apostasia aussi. Il ne se trouva que douze personnes à l'installation ; on les évitait, on ne leur rendait même point le salut dans la crainte de paraître communiquer avec eux.

» Un jour, ils employèrent la menace et

même la violence pour forcer les habitants
d'assister à la messe ; mon père et moi n'eûmes que le temps de sortir de la ville. Il nous
restait un couvent où nous pouvions encore
assister aux offices ; on nous enleva cette ressource. Huit cents catholiques me chargèrent
de faire une pétition à la municipalité ; elle
fut présentée, revêtue de nos signatures le 20
août 1791 et insérée dans l'*Ami du Roi* ; la
voici :

« MESSIEURS,

» Persuadés du zèle qui vous anime pour le
» bonheur de tous les citoyens de cette ville,
» nous venons avec confiance déposer nos
» inquiétudes dans votre sein, et vous con-
» jurer de vous joindre à nous pour obtenir du
» Département une église ou oratoire, où
» nous puissions nous acquitter paisiblement
» de nos devoirs de chrétiens.

» Notre demande n'a rien de contraire aux
» lois ; l'Assemblée nationale en proclamant la
» liberté des opinions, même religieuses, nous
» a assuré en même temps la liberté de cons-
» cience. Il nous est donc permis de continuer
» de professer librement la religion catholique,
» apostolique et romaine, sans cesser d'être
» bons citoyens ; et dès que nous ne troublons
» pas l'ordre public établi par la loi, on ne
» peut décemment nous inquiéter dans l'exer-
» cice de notre religion. Les Protestants ont
» des Temples, les Juifs ont des synagogues....

» Serions-nous donc les seuls exclus de ce
» droit, ou si l'on veut de cette faveur ?

» On interdit l'entrée dans les églises des
» monastères, nos autres églises sont fermées
» ou à la veille de l'être.... Voudrait-on nous
» mettre dans l'impossibilité de rendre publi-
» quement nos hommages au Créateur ? Nous
» ne pouvons le croire !...

» Nous ne voulons point ici comparer la
» religion actuelle de l'État avec la nôtre, nous
» ne demandons que la liberté de suivre le
» penchant de nos cœurs et de notre cons-
» cience. L'Assemblée nationale a déclaré
» formellement qu'elle ne voulait pas gêner
» les opinions, ni forcer les consciences , nous
» ne réclamons que l'exécution de cette loi.
» Nos principes, nos scrupules, si l'on veut les
» nommer ainsi, ne portent donc point atteinte
» aux véritables droits du souverain.

» Toujours nous serons disposés à rendre à
» César ce qui est à César, mais nous voulons
» aussi rendre à Dieu ce que nous devons à
» Dieu, et nous souffrirons plutôt la mort que
» d'abandonner l'exercice d'une religion qui,
» jusqu'à présent, a fait notre félicité ; trop
» heureux de sceller de notre sang et sa subli-
» mité et son triomphe. »

« Cette adresse fut envoyée au Département
à qui nous présentâmes celle qui suit le 29
septembre 1791. (On nous avait permis d'aller
à la messe dans un couvent de religieuses) :

« MESSIEURS,

» Affligés et surpris de ne point recevoir
» votre décision sur notre pétition du 20 août
» dernier, tendant à obtenir de votre justice
» une église où nous puissions, paisiblement
» et sans éclat, nous acquitter des devoirs de
» notre religion, nous nous adressons directe-
» ment à vous, pour vous conjurer de pronon-
» cer de suite sur notre demande. Elle n'a rien
» de contraire aux lois nouvelles qui loin de
» là l'autorisent expressément, en laissant à
» tous les citoyens la liberté de leurs opinions
» même religieuses, et en leur promettant le
» libre exercice du culte qu'ils ont adopté.

» Nous pouvons donc, nous *Catholiques Ro-*
» *mains*, continuer de professer notre religion
» et d'entretenir nos relations spirituelles avec
» les prêtres en qui nous avons confiance.
» L'Assemblée nationale en introduisant une
» religion nouvelle dans l'État, n'a pas décrété
» qu'elle serait exclusive ; pourquoi, dès lors,
» ne nous serait-il pas permis d'avoir des
» Temples et des Ministres? Serions-nous donc
» moins favorisés que les Protestants et les
» Juifs, dans un moment où le tolérantisme
» est une des bases de la constitution ? Nous
» déclarons formellement à la face du Ciel et
» de la Terre, que nous voulons vivre et mou-
» rir dans la Religion Catholique, Apostolique
» et Romaine ; elle était celle de nos pères ;
» elle est et sera toujours la nôtre.

» Vainement nous dit-on qu'il n'y a point
» de novations, que nos législateurs n'ont point
» voulu porter la main à l'Encensoir ; nous
» croyons voir le contraire, et ce n'est pas en
» nous persécutant qu'on nous fera changer
» d'opinion. Lorsqu'il s'agit de sa foi, le chré-
» tien ne craint rien, et s'il le fallait, il ferait
» voir qu'il sait mépriser la vie et en faire le
» sacrifice à Celui de qui il la tient, plutôt que
» de cesser de lui être fidèle.

« Mais nous n'appréhendons point qu'on
» nous mette à cette épreuve ; les exécuteurs
» de la loi sont incapables d'abuser de l'exer-
» cice du pouvoir, qui ne leur est confié que
» pour le bonheur général.

» C'est dans cette persuasion et en renouve-
» lant notre soumission aux lois civiles de
» l'Empire, que nous vous prions itérativement
» de remettre le calme dans nos âmes en nous
» procurant de suite l'oratoire que nous de-
» mandons ; pensez, Messieurs, qu'il nous est
» absolument nécessaire pour rendre nos hom-
» mages au Créateur. Vous venez, il est vrai,
» de nous permettre l'entrée des églises des
» monastères, mais cette permission bornée
» au seul temps des offices, est insuffisante et
» ne rétablit pas d'ailleurs nos relations spi-
» rituelles avec nos Pasteurs légitimes, qui
» ne peuvent nous conférer les sacrements et
» nous procurer les secours dont nous avons
» sans cesse besoin. Si vous ne nous accordez
» une église, où ferons-nous célébrer nos ma-

» riages, baptiser nos enfants ?.... Où et com-
» ment approcherons-nous du tribunal de la
» pénitence, de la table sainte, enfin ?

» Pesez, Messieurs, pesez toutes ces consi-
» dérations dans votre sagesse ; elles sont pour
» nous de la plus haute importance ; et, quoi
» qu'on puisse dire, soyez bien convaincus
» qu'un intérêt plus qu'humain nous anime en
» ce moment. La soumission à tel pasteur est
» indifférente à l'ordre civil actuel ; laissez-
» nous donc librement obéir à ceux que nous
» avons cessé de reconnaître. Tout ce qui n'est
» pas défendu par la loi ne peut être empêché
» et nul ne peut être contraint à ce qu'elle
» n'ordonne pas. (*Droits de l'homme, art. 5.*)
» On ne peut donc nous obliger à reconnaître
» tel curé, à prendre tel confesseur, à assister
» à telle messe. En réclamant le libre exercice
» de notre religion, nous ne faisons qu'user du
» droit que la loi nous accorde.

» Voudriez-vous être plus intolérants que la
» loi ? Voudriez-vous nous forcer à fuir une
» patrie qui jadis faisait nos délices, et voir se
» renouveler ces nombreuses et funestes émi-
» grations du siècle de Louis XIV ?... Ah !
» pensez au coup mortel qu'elles portèrent
» alors à la France, et prévenez par votre pru-
» dence, par une tolérance aussi nécessaire
» que politique, un semblable malheur ! C'est
» le vœu de tous les habitants de la ville,
» signataires de la pétition du 20 août dernier.»

J'adressai copie de cette pétition à Madame Marchand qui rédigeait la *Feuille d'Artois*, avec la lettre suivante :

« MADAME,

» Connaissant votre façon de penser, je me
» fais un sensible plaisir de vous envoyer copie
» de la nouvelle pétition que nous avons adres-
» sée au Département, le 27 de ce mois, per-
» suadés que vous vous empresserez de lui
» donner la même publicité qu'à la première.
» Ce n'est pas l'esprit de parti qui nous l'a ins-
» pirée ; c'est le seul amour de la religion qu'on
» veut, ce nous semble, anéantir, et à laquelle
» cependant nous voulons rester fidèles.

» Notre cause est trop belle pour ne pas trou-
» ver de défenseurs ; il eût été à désirer que la
» ville d'Arras dont nous avons toujours aimé
» à suivre l'exemple, nous l'eût encore montré
» cette fois ; mais son indifférence n'excusait pas
» la nôtre aux yeux de celui qui a dit : *Quicon-*
» *que aura rougi de moi devant les hommes, je*
» *rougirai de lui devant mon père.*

» Je suis, etc.

» THELLIER DE PONCHEVILLE, avocat. »

» Le Département n'ayant pas fait droit à notre pétition, voici celle que je rédigeai et que nous adressâmes le 18 novembre 1791, à l'Assemblée législative :

« MESSIEURS,

» Qu'il nous soit permis de former une récla-
» mation ; elle mérite d'autant plus votre indul-
» gence, qu'elle est autorisée par cette même
» constitution dont vous avez juré le maintien.
» Cette réclamation tend à obtenir le libre
» exercice du culte auquel nous n'avons cessé
» d'être attachés... Déjà nous nous sommes
» adressés au Département et quoique nos
» démarches aient été infructueuses, nous ne
» sommes pas capables de nous rebuter ; nous
» frapperons à toutes les portes jusqu'à ce qu'on
» nous ouvre. Accédez à notre demande, à nos
» vœux ; soyez sensibles, soyez justes, surtout
» gardez-vous de nous persécuter, les suppli-
» ces ne feraient que nous affermir, loin d'é-
» branler notre foi.

» Le christianisme ne s'est point établi par
» le fer et le feu ; que peut-on espérer en fai-
» sant couler le sang innocent ? N'a-t-on pas
» vu des martyrs braver les tourments et cou-
» rir avec joie à la mort...?

» Prévenez la guerre civile, il est temps
» encore... Le bruit des armes fait taire les lois
» et détruit l'autorité mal affermie du Souve-
» rain. Notre sort est entre vos mains, il dépend
» de vous de le rendre heureux ou malheu-
» reux ; nos vœux sont, nous osons le dire, ceux
» du tiers au moins de la France. Non seule-
» ment accordez-nous le libre exercice de notre
» religion ; mais supprimez le serment impoli-

» tique que l'on a exigé de nos ministres ;
» rendez-nous nos temples, rendez les pasteurs
» légitimes à leur troupeau. Ah ! Messieurs,
» pourquoi des serments ? Le crime les trahit,
» la vertu s'en offense. Les prêtres de la nou-
» velle église sont au milieu de nous comme
» des étrangers, nous méconnaissons leur voix.
» Lorsqu'ils nous appellent, nous les fuyons.
» « Nous pensons comme vous, nous crient-ils,
» nous reconnaissons l'Église. » Nous leur
» répondons : « L'Église vous méconnaît, vous
» désavoue pour ses enfants, elle nous défend
» par l'organe du Souverain-Pontife, de nos
» pasteurs légitimes, toute communication
» avec vous. » Sur 3.500 âmes qui forment la
» population de notre ville, 200 au plus ont
» une opinion différente. Laisserez-vous plus
» longtemps gémir sous le joug de l'oppression
» de quelques individus, une majorité aussi
» imposante qui, jusqu'à présent, n'a opposé
» à ses persécuteurs que patience et dou-
» ceur ?

» *(Suivent les signatures.)* »

» Cette pétition, insérée dans les journaux
du temps, fut le signal de la persécution ; on
nous envoya un bataillon de fédérés du Calvados qui, à son arrivée, détruisit les armes de
France partout où il y en avait, en chantant
des chansons révolutionnaires.

» Bientôt ces hommes égarés persécutèrent
les catholiques ; si dans la petite église des

religieuses où l'on tolérait encore notre présence on chantait le *Domine salvum fac regem*, ils y substituaient *gentem*. Je leur étais signalé ; ils me montraient au doigt et cherchaient à m'intimider ; je ne sortais plus qu'armé. Ils venaient jusque dans la maison provoquer mes frères, dont deux émigrèrent alors. Ma mère et les autres se réfugièrent à Arras et je restai avec mon père.

» Je devais plaider la cause du curé d'Averdoing poursuivi pour avoir prêché l'évangile du Bon Pasteur ; mon père m'avertit que les Fédérés me tueraient en entrant à l'audience. Je lui répondis que je ne pouvais abandonner la défense du curé ; voici ce qu'il me répondit : « Si mes jours vous sont chers, quittez Saint-Pol. » Pouvais-je désobéir ?... Je me rendis à Arras, je fis imprimer mon plaidoyer, et je priai un procureur d'en faire la lecture à l'audience. Je l'ai perdu avec mes autres papiers, je n'en ai retenu que la finale ; la voici :

« Quoi, tandis qu'un Carra jouira de l'impu-
» nité et prêchera ouvertement une morale
» régicide ; tandis qu'il se déchaînera contre la
» religion et ses ministres et affichera l'athé-
» isme, il ne sera pas permis à un curé, à un pas-
» teur légitime, qui n'écoute que le cri impérieux
» de sa conscience, d'annoncer l'Évangile dans
» sa paroisse, ni de prémunir son troupeau
» contre le schisme où on voudrait le conduire !

» Est-ce bien dans ce royaume, où le souve-
» rain s'honore du titre du fils aîné de l'Église,

» de Roi très chrétien, qu'on ose se livrer à ces
» excès ?

» Pourriez-vous les autoriser ? Loin de moi
» cette idée révoltante, elle déshonore les juges
» qui m'entendent !

» Si, cependant, ce que je ne puis croire,
» vous vous décidiez à condamner le vertueux
» pasteur que je défends, pour avoir eu le cou-
» rage d'énoncer une opinion qui est celle des
» deux tiers de la France, je n'hésiterais point
» de m'écrier : Punissez-moi donc aussi ; car
» comme lui, je suis chrétien ! »

» Mon père envoya un exemplaire de ce plaidoyer à Monseigneur Asseline, notre évêque,
qui était à Ypres et qui lui écrivit une lettre de
félicitations.

» Je me réfugiai ensuite à la campagne chez
une grand'tante ; le curé n'avait point encore
été expulsé, ce qui était une grande consolation
pour moi, mais je n'en jouis pas longtemps
En 1792, au fort de l'hiver, on vint m'avertir
que les Fédérés allaient arriver pour m'enlever (1) ; j'étais indisposé, il fallut me lever pour

---

1. Ils prenaient sans doute pour prétexte de leur agression
une profession de foi adressée par M. Thellier de Poncheville
à l'*Ami du Roi*, le 30 décembre 1791, et qui contenait le passage suivant :

« ..... Loin d'approuver les lois de sang de l'Assemblée dite
Législative, je déclare hautement que je ne cesserai d'être
attaché à la religion de mes pères et à la monarchie française. . . . . .

» On a beau vouloir m'intimider, me menacer, rien ne saurait me faire changer.

» S'il faut aux bourreaux qui gouvernent et déchirent la

cacher mes papiers et chercher une retraite ;
j'en fus quitte pour la peur. J'ai su depuis que
le Département s'était opposé à leur projet.

» Je ne pouvais émigrer, la commission de
nos Princes m'avait écrit de Tournai qu'il fallait rester jusqu'au moment où mes jours
seraient en danger ; elle m'adressait les procla-
mations que je faisais insérer dans les journaux.

» Je me rendais un jour à Arras à cheval ;
c'était celui du départ de nos Fédérés pour
l'armée, ce que j'ignorais. A deux lieues d'Arras, je me trouve tout à coup au milieu d'eux ;
l'un des Fédérés prend la queue de mon cheval ; je pique ma monture qui paraît prendre
le mors aux dents, et nous partons ; mon compagnon me raconte qu'ils viennent de piller la
cave de mon curé et me montre une bouteille.
Lorsque je me vis assez éloigné pour n'être
plus rejoint, je lui dis: «Vous voilà maintenant
reposé, mon cheval est fatigué ; il faut descendre ». Il ne se le fit pas répéter et j'arrivai sans
autre aventure à Arras.

» Mon père qui était chargé des intérêts de
la maison de Soubise, restait seul à Saint-Pol
pour y veiller ; j'appris chez ma grand'tante
qu'on l'avait arrêté comme conspirateur. On
avait trouvé dans ses papiers une lettre qui
annonçait les succès des royalistes du camp

France, une victime de plus, me voilà, je suis prêt, qu'ils frap-
pent, je mourrai pour mon Dieu et mon Roi, et en périssant,
je prierai pour ces insensés. »

de Jalès. Je vole à Saint-Pol sur mon vigoureux cheval que je dépose au faubourg ; je
trouve mon père en arrestation chez lui avec
un seul factionnaire, je lui demande tout bas:
« Craignez-vous? j'ai un cheval qui vous attend,
je me charge du factionnaire. » Il me répond :
« Non, ne restez pas ici, si vous ne voulez pas
être arrêté. » Déjà en effet on courait aux
armes ; je le quitte, vais reprendre mon cheval
et repars au galop.

» J'informai ma mère, mes frères et ma sœur,
réfugiés à Arras, de ce qui se passait, et nous
travaillâmes de concert à la liberté de mon
père. Celui-ci, de son côté, avait écrit à un
député de sa connaissance qui lui répondit :
« Qu'il l'avait toujours connu pour un aristocrate
incorrigible et qu'il ne pouvait, sans compromettre son patriotisme, s'intéresser à lui. »

» Le peuple fut plus généreux, son ancienne
affection se réveilla ; il vint un beau matin
l'enlever en robe de chambre sans lui donner
le temps de s'habiller, le conduisit en triomphe
à la municipalité, força le maire de signer
l'ordre de sa mise en liberté et de l'embrasser.
Heureusement le bataillon du Calvados avait
quitté Saint-Pol ! Ce qu'il y eut d'étonnant,
c'est qu'on n'osa point faire de poursuites contre
les auteurs de l'insurrection.

» A propos du maire, qui était le second depuis
la Révolution (l'autre avait déjà perdu sa po-
pularité), voici quelle fut sa fin. Il était un jour
en séance ; le club des Jacobins lui demande

un ordre pour arrêter son meilleur ami, dont il n'ose prendre la défense ; cependant il semble hésiter ; on lui présente une plume, il la prend, veut signer et tombe mort !

» Le curé de ma grand'tante fut déporté, son vicaire qui avait prêté le serment le remplaça ; nous désertâmes l'église. Des hommes vinrent pour nous y traîner de force, je m'évadai ; ma grand'tante, âgée de quatre-vingt-neuf ans, leur dit qu'ils n'y traîneraient que son corps, qu'elle ne voulait pas participer au schisme et ne prendrait aucune part aux cérémonies. Ils mirent les chevaux à sa voiture, la firent monter et la conduisirent à l'église où elle tint parole.

» J'étais rentré à Saint-Pol ; je donnais des avis dans mon cabinet, et jusqu'au 21 janvier 1793, je n'essuyai plus de persécutions. »

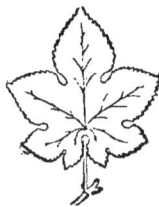

III. — ARRESTATION, FUITE ET ÉMIGRATION.

« L'horreur que je manifestai contre les Régicides les décida à se débarrasser de moi (1). Le 10 mars 1793, mon père était absent chez M. le comte de Béthune, son ami ; des hommes armés se dirigent sur la maison en vociférant. Je ferme les portes, qu'ils tentent vainement d'enfoncer ; ils entrent par les croisées ; je me réfugie au grenier dans un tas de fagots ; ils y viennent, furettent partout, montent à l'endroit où je suis. L'oncle de Lebon (2), armé d'une bûche, frappe dans le trou ; les coups portaient sur une gîte, qui me garantissait la tête ; enfin il me découvre, je lui dis de cesser de frapper et que je sortirais. Je parais à peine, que je suis couché en joue ; je saisis l'oncle de Lebon qui est le premier à dire de ne pas tirer : on l'aurait tué. Arrive le maire, ex-bénédictin, et un municipal que mon père avait sauvé de la potence. Cet homme, cordonnier de son métier, se mit à genoux et demanda à mes assassins de ne point attenter à mes jours : « Je dois les miens, dit-il, à son père ! » Le maire se joignit

---

1. On lit dans une autre lettre : « Je protestai contre le renversement de l'autel et du trône ; mon père applaudissait et lorsque le Roi fut mis en jugement, il voulait que nous prissions les armes. Son grand âge le rendant peu redoutable aux factieux, ils tournèrent leurs efforts contre moi. »

2. Il s'agit du trop célèbre Joseph Le Bon.

à lui, alors ils consentirent à ce que l'on me conduisît au cachot.

» Le maire me prit sous le bras ; arrivés près de l'arbre de la liberté, ou cria : « Il faut l'y pendre ! » On répétait : « Il faut l'y pendre, » lorsqu'un homme élevant la voix dit : « Citoyens, y pensez-vous ? pendre ce scélérat à cet arbre sacré, c'est le souiller ! » Et l'on me conduisit au cachot. J'oubliais une anecdote : dans le trajet, un homme vint me prendre en me disant : « Coquin, te souviens-tu de mon *Viau* (mon veau) ? » Je lui répondis : « J'ai fait mon devoir. » Voici le fait : pendant le carême, le gras était prohibé dans le diocèse de Boulogne. Le Magistrat nommait deux bouchers qui avaient le privilège exclusif de tuer et de débiter, à charge de fournir gratuitement une certaine quantité de viande à l'hôpital. Le particulier qui m'apostropha, tua un veau pendant le carême 1789 ; les bouchers privilégiés nous le dénoncèrent, et en qualité de magistrat, j'opinai et je fis prononcer la saisie et la confiscation du veau au profit de l'hôpital, ce qui fut exécuté, *inde iræ*.

» Je restai au cachot pendant huit jours ; je n'y fus troublé qu'un soir par l'homme qui avait voulu assassiner un chanoine et que j'avais conduit moi-même en prison. Malgré les efforts du geôlier qui m'était très attaché, il parvint jusqu'à moi, me dit qu'il avait voulu s'assurer par lui-même si j'étais là, me souhaita le bonsoir et se retira. Au bout de huit jours, quatre gendarmes vinrent me prendre à onze heures et me conduisirent devant le juge de paix qui m'interrogea, en présence de ceux qui m'avaient arrêté, sur mes projets de contre-révolution. Mes réponses l'embarrassaient quand, fumeur de tabac, il dit à son greffier : « Avoue que tu n'as jamais été aussi longtemps sans fumer ?... » Je dis : « On peut le faire sans tabac... »

» Après l'interrogatoire, il me décréta de prise de corps et me fit transférer aux prisons de la Sénéchaussée, où il fut permis à mon père et à mes amis de venir me voir. On me mit dans une chambre avec un marchand de bois arrêté comme un aristocrate. C'était un brave homme craignant Dieu, et je n'eus pas à m'en plaindre.

» Les prisons de la Sénéchaussée n'étaient séparées que par une cour, de l'hôtel Soubise que nous habitions ; mon père venait me voir, dînait avec moi et ne me quittait que le moins possible ; sa tendresse pour moi paraissait centuplée.

» Le 21 mars 1793, j'entends une grande rumeur ; bientôt on ouvre les portes de ma chambre et me voilà entouré d'une quantité de pauvres femmes de la ville qui me disent : « Ils ont juré de vous faire mourir ; ils vont vous envoyer à Paris ; nous venons vous délivrer, sauvez-vous ! » Et elles m'entraînent jusque dans l'habitation du geôlier. Je les remercie de l'intérêt qu'elles me témoignent, je

leur fais sentir le danger auquel leur démarche
les expose ; je dis que je n'ai rien à craindre;
qu'en me sauvant je perds mon père ; et je
parviens à regagner ma prison.

» Le 25, arrivent à Saint-Pol deux cent cinquante hommes de cavalerie, et contre l'usage
des révolutionnaires, on ne les loge point chez
les royalistes. Mon père avait des craintes;
bientôt il apprit par un administrateur du
district à qui j'avais rendu service, que cette
force armée était venue pour protéger ma
translation à Paris. A sept heures du soir, mon
père vint me faire part de cette nouvelle en
me priant, me conjurant de tenter tous les
moyens de m'évader : « Que deviendrez-vous?»
lui dis-je. — « Peu importe, sauvez-vous, voilà
» l'essentiel pour moi. Je vais dire à la cuisi-
» nière de se tenir à la porte de la cour, je me
» rendrai chez ma sœur et l'on ne me soupçon-
» nera pas. » Mon père sort, je fais part à mon
·ompagnon d'infortune du sort qui m'attend ;
il se croit perdu avec moi et me propose de
nous sauver par la cheminée ; je lui fais observer qu'elle n'aboutit à aucune maison et qu'on
nous y fusillera. Sa tête s'égare, il boit une, deux
et trois gouttes, en disant qu'il n'a pas de jambes ; il me propose d'en faire autant, je lui dis
que j'ai besoin de toute ma raison, que d'ailleurs
il était carême. Ma collation était sur la table,
je n'y avais pas encore touché, lorsque le geôlier entra, fit l'examen de la chambre et nous
dit qu'il allait à la municipalité pour prendre

des ordres. Les moments étaient précieux, j'engage mon compagnon à prendre courage.

» Le Lundi-Saint, jour de l'Annonciation, je parviens à gagner la cour ; Meurant me suit mais il tombe, la femme du geôlier entend le bruit de sa chute. Déjà j'étais à la porte de communication où la cuisinière m'attendait ; Meurant y arrive et avec lui la geôlière qui le saisit par l'habit. Notre cuisinière la repousse, fait entrer Meurant et referme la porte. Il fallait gagner celle sur la rue où il y avait un factionnaire. Mon père, au lieu d'aller chez sa sœur, m'y attendait........ Le factionnaire, qui avait entendu du bruit, allait en ce moment à la porte de la prison et tournait le dos ; mon père me serre la main, et me voilà dans la rue en robe de chambre, à jeun, sans argent, sans pain, sans asile.

» Meurant me suit et tombe encore ; je le relève et lui dis : « Vous ne pouvez me suivre, réfugiez-vous chez un ami. » Le froid était très vif ; mon père m'avait indiqué une retraite, mais je devais craindre les visites domiciliaires ; je préférai gagner les bois peu éloignés de la ville. Il ne me fallait que quelques minutes ; mais je n'y pouvais pas faire beaucoup de chemin et il fallait profiter de la nuit pour m'éloigner. J'allais joindre le grand chemin, lorsque j'entendis la cavalerie qui arrivait au galop ; elle s'était partagée et parcourait toutes les routes, certaine de me rejoindre si j'avais

suivi l'une ou l'autre. Je regagnai le bois où je
rencontrai un homme qui paraissait se diriger
vers Saint-Pol et qui me dit : « Bonsoir. » Je
ne répondis point, je m'enfonçai dans le taillis
pour prendre une autre route; la cloche d'alarme de la ville, les tambours se faisaient entendre. J'avais quitté le premier chemin du bois
près de l'église Saint-Michel ; après avoir erré
jusqu'à minuit, j'aperçois un clocher et je
reconnais celui de Saint-Michel ! Ce qui me
paraissait un malheur fut mon salut. J'étais
fatigué, la faim se faisait sentir, je ne pouvais
plus marcher longtemps ; j'avais trois lieues à
faire pour gagner la maison de ma Grande
Tante, je pris le parti de m'y rendre à travers
les champs. J'arrive près d'un village, les chiens
aboient; je crois que les gendarmes y sont,
je m'éloigne en courant et je gagne un petit
bois.

» Je m'assieds pour me reposer, le sommeil
me prend, le froid me saisit ; je me lève je
m'oriente, et j'aperçois à un chemin une cha-
pelle de la Sainte Vierge que je reconnais ; je
m'y rends, je fais ma prière et je prends la
grand'route. Tout était calme ; je n'avais
plus qu'un village à passer, je le tournai. Me
voilà enfin au bois de Bethencourt où demeu-
rait ma Grande Tante.

» J'arrive à son jardin, je franchis la haie,
puis un mur qui donnait sur une petite cour.
La chambre de la servante, dont je connaissais
la fidélité, donnait sur cette petite cour ; je

l'appelle en vain, elle était dans la chambre de ma Grande Tante qui s'était trouvée indisposée. J'escalade de nouveau le mur ; je vais du côté de l'écurie, j'ôte la paille d'une lucarne, un cheval fait un mouvement qui éveille le maître de labour ; je l'appelle, il me reconnaît, se lève, va éveiller la servante qui vient m'ouvrir la porte. J'entre et déjà ma Grande Tante, âgée de quatre-vingt-neuf ans, était sur pieds. Elle est alarmée en voyant mes traits altérés, je lui raconte mon évasion, ma course forcée ; elle veut me faire bassiner un lit tandis que je mangerai un morceau. Je lui dis : « Non, ma » Tante, les gendarmes ne tarderont point à » venir vous visiter, je n'ai besoin que d'un » verre de vin ; donnez-moi un cheval et un » guide, et je pars. »

Elle dit au maître de labour, le brave Manessier : « Prenez mes deux meilleurs chevaux ; » dussiez-vous les crever, conduisez mon neveu » aux frontières. » Il lui répond avec un grand sang-froid : « Non, madame, » — « Comment, » non ! reprit ma Tante, avec feu, vous aban- » donneriez mon neveu ? » — Manessier dit : « La, la, pas, si vite, écoutez mes raisons... » — « Pas de raisons ! » — « Quelle femme vous » êtes ! laissez-moi dire : Si je prends deux » chevaux, demain on va dire : Manessier est » parti avec Poncheville ; vous êtes f... et moi » aussi. Je vais prendre votre bidet, il montera » dessus et j'irai à pieds ; nous sortirons par le » jardin, la prairie, les bois, je le conduirai

» chez votre beau-neveu, près d'Armentières ;
» il sera là bien, on n'ira pas l'y chercher et
» quand il sera reposé, votre beau-neveu le
» conduira aux frontières. — Surtout, ne parlez
» pas ; demain matin vous direz à vos gens
» que je suis allé à Béthune voir mon père qui
» est malade ; vous ne mentirez pas : j'irai voir
» mon père quand j'aurai sauvé votre neveu,
» et dût votre bidet crever, je reviendrai le soir,
» afin qu'on ne soupçonne pas que j'ai été plus
» loin. » — « A la bonne heure, dit ma Grande
Tante, dépêchez-vous. » — Elle me conduit à
sa chambre et me dit : « Vous savez que mon
» argent est enterré à Arras ; il me reste cent
» écus, les voilà ; si vous voulez du papier, pre-
» nez-en. » Je bois un verre de vin, je lui dis
adieu et nous partons. Manessier fait un trou
à la haie qui sépare la prairie du bois, que nous
traversons ; il était trois heures du matin,
mardin 26 mars.

Nous allions à travers champs ; Manessier
me dit : « Doublons le pas pour traverser la
» grande route avant le jour. » Je dormais, il
fallait me réveiller à chaque instant. — Après
quatre heures de marche, Manessier donne un
coup de bâton au cheval qui double le pas, et
lui se met à courir. Nous traversions alors le
grand chemin entre Béthune et Arras, il me
dit : « N'avez-vous rien vu ? » — « Non, lui
» répondis-je. » — Il reprit : « Allons vite. »
Un quart-d'heure après, il arrête haletant et
me dit qu'il avait aperçu la gendarmerie ; mais

ce n'était pas celle de Saint-Pol, et celles
d'Arras et de Béthune ne pouvaient point encore avoir reçu mon signalement. Cependant
on pouvait m'arrêter, me questionner, et me
demander mon passeport ; et je n'avais sur
moi, pour toute recommandation, que mon
décret de prise de corps qui ne m'aurait point
sauvé.

» Nous arrivons dans une auberge à l'écart ;
Manessier fait rafraîchir le cheval, me fait
faire un bon feu et nous nous remettons en
route. A deux heures après-midi, nous arrivons chez le beau-neveu de ma Grande Tante,
M. Dorlancourt. Je veux descendre de cheval,
je ne le puis ; on m'assiste, me voilà descendu ;
je ne puis marcher, je suis perclus. On me
reçoit à bras ouverts, on veut me faire dîner ,
je demande du papier, une plume et de l'encre :
je veux écrire à ma mère qui est à Arras. Je
m'endors ; on m'éveille, je trace quelques lignes
et je demande un lit, après avoir fait mes adieux
au brave Manessier qui part pour Béthune, et
arrive la nuit à Bethencourt, où la gendarmerie
avait déjà fait une incursion, furetant partout,
passant la baïonnette entre les matelas,
etc.

» Après avoir dormi deux ou trois heures,
je voulus me lever ; impossible, il fallut me
porter à table et je dînai après vingt-huit
heures d'abstinence. Il me fallut deux jours
pour reprendre l'usage de mes jambes dont
j'avais un besoin urgent. M. Dorlancourt mit

ce temps à profit pour faciliter et préparer ma
sortie du territoire français.

» Le Jeudi-Saint, le Gardien des Récollets
de Lens, qui fuyait, arrive chez lui ; nous de-
vions partir le lendemain. Le soir, je faisais ma
modeste collation, le Gardien me dit : « Mangez donc, il nous faut des jambes. » J'avoue
que j'aurais craint d'en manquer en suivant ce
conseil dicté par la prudence humaine et je
préférai mettre ma confiance en Dieu, plutôt
que dans un bon souper. — Le Vendredi-Saint,
M. Dorlancourt nous conduit à Armentières.
Arrivés dans cette ville, près d'un pont, il dit
au Gardien : « Prenez par là, vous êtes déporté, vous n'avez rien à craindre ; moi je me
charge du citoyen. » Il me conduit sur la
place, nous passons près du corps de garde au
moment où on y conduisait un voyageur ;
j'étais perdu si on m'arrêtait aussi, je n'avais
d'autre passe-port que mon décret de prise de
corps dont je m'étais muni en me sauvant de
prison. Dieu permit sans doute l'arrestation
de ce voyageur qui n'avait rien à craindre.
Nous arrivons chez un tanneur qu'il m'avait
dit avoir la réputation de Patriote, ce qui ne
me rassurait guère, mais dont l'accueil me
tranquillisa.

» Il était midi, la soupe était sur table ; le
soi-disant Patriote, en nous voyant, paraît content et nous dit : « Soyez les bienvenus, la
soupe nous attend. » On nous sert en maigre
ce qui achève de me rassurer. La maison

donnait sur la Lys ; après dîner, le tanneur
dit à Monsieur Dorlancourt : « Votre mission
» est finie, la mienne commence, ma barque
» est prête, je sers de batelier au citoyen ; nous
» n'avons qu'une maison sur France à passer
» pour gagner la Belgique, c'est un cabaret ;
» nous y entrerons pour ne pas paraître sus-
» pects, et le citoyen demandera s'il n'y a point
» de bœufs à vendre. »

« Nous passons la Lys, nous entrons dans
le cabaret, je demande s'il y a des bœufs à
vendre ; un gros homme me toise et me dit :
« Tu m'as plutôt l'air d'un homme qui se sauve
que d'un marchand » . . . . Mon tanneur
prend la parole et réplique : « Sais-tu que le
» citoyen est en ma compagnie ; me crois-tu
» capable de favoriser les traîtres ? » Le gros
homme répond humblement : « Pardon ,
» citoyen, j'ignorais que le citoyen fût en ta
» compagnie. » Nous sortons et arrivons
sans accident dans le premier village de
la Belgique; il me conduit chez d'honnêtes
ménagers qui me reçoivent à bras ouverts ;
il leur dit quelques mots et retourne à
Armentières. Mes hôtes étaient des saints. Je
passai la nuit chez eux ; le lendemain ils me
forcèrent de rester à dîner pour ne point me
laisser partir à jeun, et me firent conduire ensuite par des chemins détournés à Poperinghe
où j'arrivai sur le soir. J'y appris que mon cou-
sin-germain, M. Gosse, curé de Marchiennes,
s'y trouvait ; je me fis conduire à son loge-

ment, chez le grand-clerc de la paroisse Notre-Dame. On allait faire la collation ; j'en pris ma part et mon cousin qui n'avait point de lit à m'offrir, me conduisit à l'auberge. Il y avait à Poperinghe plus de trois cents prêtres français et beaucoup de Saint-Pol et des environs.

***

» Le lendemain, mon cousin me procura une pension où il y avait déjà deux éclésiastiques. Je rencontrai le curé et le précepteur des enfants du comte de Béthune, l'ami de mon Père. Il m'emmenèrent dîner chez eux et je remarquai que celui qui servait se mit ensuite à table. Tandis qu'il était sorti, ils me demandèrent si je le reconnaissais ; sur ma réponse négative, ils me dirent. « C'est le maître de la » maison, il passe ici pour restaurateur ; c'est M. » Caron, curé en Normandie. »

» Au dessert, nous entendons crier : « Sauve qui peut, voilà les Français !... » Le restaurateur arrive sans paraître ému, il reste et nous nous sauvons. Je rencontre le curé de Marchiennes qui me dit : « Venez avec moi ; » je le suis, il me conduit dans une ferme isolée où nous apprenons que Dumouriez, battu à la Montagne de Fer, précipite sa retraite ; les plus pressés nous avaient donné l'alarme. Le lendemain l'armée défila, et le mardi on vint nous dire qu'elle était rentrée en France.

» Nous revînmes à Poperinghe, aux cris de : vive l'empereur d'Allemagne ! Deux jours après, arrivèrent huit Autrichiens ; c'était un délire, on baisait leurs chevaux, on leur versait à boire. — Quoiqu'il me semblât que je n'avais plus rien à craindre, pendant plus de six semaines, je ne fis que rêver de gendarmes qui me poursuivaient. Le jeudi, je rencontrai le vicaire de Saint-Pol, mon Directeur, je lui demandai s'il avait des pouvoirs, et sur sa réponse, je me réconciliai avec Dieu que j'eus le bonheur de recevoir dans la sainte quinzaine de Pâques, bonheur dont je n'ai jamais été privé depuis. Un mois après mon arrivée à Poperinghe, on vint me dire qu'on avait arrêté un étranger qui me réclamait au corps de garde ; je m'y rends et j'y vois mon quatrième frère, André, qu'on relâche sur ma parole et que je conduis à ma pension.

» Ayant appris que M. le comte de Cunchy, commissaire des Princes, qui m'avait donné l'ordre de rester en France pour y servir mon Roi, était rentré à Tournai, je lui écrivis en lui rendant un compte sommaire de mes aventures depuis sa lettre, et le priant de m'en adresser un copie pour me servir de passeport et de recommandation. Non seulement il le fit, mais il y joignit l'attestation la plus honorable qu'il fit signer par le prince de Béthune.

» Ici, il faut que je rétrograde pour faire connaître ce qui s'est passé après mon évasion des prisons. Mon père fut arrêté le même soir et conduit quelques jours après dans les prisons d'Arras. M. Meurant, mon compagnon d'infor-

tune que j'avais été obligé de quitter, courut
tout devant lui et fut se précipiter dans un
puits que la nuit l'avait empêché d'apercevoir.
Il saisit, en tombant, la corde qui se cassa, et
il resta au fond du puits jusqu'au lendemain
matin. Vers six heures, la femme de la maison
vint pour puiser de l'eau ; plus de corde au
puits ! Elle murmura dans son patois : « On
» voit bin que tout est bon pour chelle gueuse
» ed nation, elle a prins jusqu'alle corde dem
» Puch... » — Aussitôt une voix se fait entendre
du fond du puits et s'écrie : « Non, c'est moi,
» Meurant, qui, en me sauvant hier des pri-
» sons, suis tombé dans votre puits. » La
femme pensait bien, mais elle eut peur et courut dire à son mari qu'il y avait un revenant
dans le puits. Le mari la traita de visionnaire
quoiqu'il fût aussi poltron qu'elle, ce qu'il
prouva en allant chercher un voisin. Avec ce
renfort, on arrive, on retire le pauvre Meurant,
qu'on conduit dans la maison où on en prend
tout le soin possible ; on avertit sa famille qui
le fait passer dans le département de la Somme.
Quatre mois après, on lui fait dire que le danger est passé, qu'il peut revenir à Saint-Pol ;
il y revient, on l'arrête et on le guillotine.

*
* *

« Revenons à mes aventures. J'en suis à
l'arrivée de mon frère André à Poperinghe.
Comme il avait fui avec précipitation, il était
sans ressources, et il eût été bien gêné, s'il ne

clopant à travers champs ; j'examine et je dis au curé : « Je parie que c'est mon cousin, attendons. » Il y consent ; l'individu arrive, c'était lui.

» Il nous fait une longue histoire, nous dit qu'il avait rencontré le curé de Poperinghe, qui l'avait conduit par des chemins détournés, lui avait fait sauter des ravins, etc. Il avait une chemise sous le bras, et ajoute : « J'étais si pressé que je n'ai pas eu le temps de mettre mes bas, les voilà. » En même temps, il prend la chemise et s'écrie : « Quelle farce, c'est une chemise ! » Il l'avait prise croyant prendre ses bas et il fit trois lieues de chemin sans s'apercevoir de sa méprise.

» Tout à coup il me dit : « A propos, ma pelote ? » Je lui réponds : « Je l'ai ; mais j'ai oublié la mienne, j'espère que vous ne me laisserez pas dans l'embarras ! » — « Donnez, donez. » — Je la lui remets et le voilà content.

» Le curé m'apprend qu'il a aussi oublié son argent ; nous arrivons à Ypres, nous choisissons, avec plusieurs curés de mon pays, une auberge où nous demandons une chambre particulière qu'on nous accorde, avec promesse de ne laisser entrer personne sans notre consentement. A peine y étions-nous qu'un individu de haute stature, mal vêtu, ayant un grand chapeau rabattu, se présente ; vainement on lui dit qu'il se trompe de chambre, il ne veut pas sortir. Nous avisions un moyen de nous en débarrasser lorsqu'il ôte son chapeau et dit : « En

voilà assez, me reconnaissez-vous ? » On l'examine, on se demande : « Le connaissez-
» vous ? » — « Pour le coup, dit-il, voilà qui
» est plaisant ! Quoi, vous ne me reconnaissez
» pas ! » On le regarde encore ; quelqu'un
croit se rappeler ses traits : « Vous plaisantez
» sans doute, je suis bien un tel, curé de .....
» La casaque de berger que j'ai échangée
» contre ma soutane n'a pas changé les traits
» de mon visage, » — Et, les curés de s'écrier :
« C'est lui ! qui l'aurait cru ? » et les voilà dans
ses bras.

» Mon cousin voulut bien payer mon dîner
et mon gîte. — L'après-midi, étant sur la place
d'Ypres, près du corps de garde, on m'appelle :
je me retourne, je vois au corps de garde un
de ceux qui avaient enfoncé les portes de la
maison de mon père pour m'arrêter. On l'avait
pris comme espion. Je m'approche, il se jette à
mon cou, m'embrasse, m'appelle son cher ami,
et s'adressant à l'officier de garde, il lui dit
avec une impudence rare : « Voyez, Monsieur,
» si je suis suspect, voilà le premier de ma ville
» qui, à la nouvelle de mon arrestation, accourt
» pour me voir et me réclamer ! » Il m'apprend
qu'il a servi de guide à un chanoine, qu'il a
été pris par une patrouille française ; que,
conduit dans une auberge, il avait prétexté un
besoin ; qu'entré dans la cour, il avait esca-
ladé les murs et avait gagné Ypres. Je lui
dis :

« Je ne vous dénoncerai point, mais, con-

» naissant vos principes révolutionnaires, je
» ne puis répondre de vous ; faites avertir le
» chanoine que vous avez conduit, il est le
» receveur du chapitre d'Ypres et si vous
» dites la vérité, il sera facile de vous faire
» mettre en liberté. » Je le quitte, je rentre à
mon auberge et je raconte à mon frère mon
aventure.

» Mon frère qui avait servi dans l'armée de
Condé jusqu'a la funeste retraite de la Champagne, se met en colère : « Quoi, dit-il, ce
» monstre, ce coquin est ici, vous l'avez vu et
» vous ne l'avez pas dénoncé ?.... Je vais le
» faire pendre ... » Je lui fais observer qu'il est
malheureux, qu'il serait peu généreux de se
venger : il court au corps de garde, va traiter
le misérable comme il le mérite, lorsque celui-
ci se jette à son cou et lui dit : « Et vous aussi,
» mon cher ami, vous venez comme votre
» digne frère à mon secours ; que je suis heu-
» reux ! Voyez, dit-il à l'officier, voilà le frère
» du respectable magistrat qui vient de me
» quitter ; se serait-il empressé de venir me
» visiter si j'étais suspect ?... » Il l'embrasse,
le félicite de le voir échappé à la rage de nos
persécuteurs ... Mon frère ne repousse pas ses
caresses, il s'attendrit et sort sans proférer une
parole. Il me dit en rentrant : « Ce coquin m'a
désarmé. »

» Le lendemain, le curé de Marchiennes me
témoigne son embarras et me dit : « Qu'allons-
nous faire sans argent ? » Je lui réponds : « Je

» m'en vais à Poperinghe, dites-moi où est votre
» argent. J'irai le prendre s'il est possible, et
» je reviens. » Je me mets en route seul ; à
une lieue de Poperinghe, je rencontre les
Tyroliens ; je leur demande si les Français
sont encore dans la ville, ils me disent qu'ils se
disposent à sortir. J'avance, j'arrive à mon logement, je prends mon argent, mes modestes
effets ; je cours chez le curé de Marchiennes, je
vais à son trésor et je trouve dix écus ! . . . Je
retourne à Ypres. Le curé me voit triste ; je lui
apprends que je n'ai trouvé que dix écus dans
l'endroit qu'il m'avait indiqué, il me répond :
« C'est tout ce qui me reste. »

» Ayant appris que M. Vincent, curé de
l'Épeisse, oncle du bienheureux Labre Benoît,
était chez les capucins d'Ypres, je fus le voir ;
on me conduisit dans sa chambre, il dînait
debout avec un morceau de pain et des
pommes de terre cuites dans l'eau sans aucun
assaisonnement ; j'examinai son lit, et je n'y
vis qu'une paillasse. Il eut la bonté de me témoigner sa satisfaction de me voir échappé et
de me féliciter de la conduite que j'avais tenue.
En sortant je témoignai au portier ma surprise
sur le peu d'égards qu'on paraissait avoir pour
le saint homme ; il me répondit : « Il avait été
» accueilli à Poperinghe par le doyen de Nôtre
» Dame ; s'y voyant trop bien, il partit et se
» réfugia ici. Jamais il n'a voulu manger au
» réfectoire ; il ne couche point sur son grabat,
» il passe toutes les nuits dans l'église, et quand

» le sommeil l'accable, il dort contre un pi-
» lier. »

» On m'a assuré qu'il a péri à Ypres, lors
de la nouvelle invasion des républicains ; c'est
un martyr de plus.

*
* *

« Mes finances ne m'ayant pas permis de
rester à Ypres, je me rendis dans les environs
de Menin ; il me coûtait de m'éloigner des
frontières, je me réfugiai à Guelfe, chez une
brave femme qui me reçut avec un bénédictin
et mon cousin à la pelote, pour une modique
pension.

» Je pensai alors à m'approcher du tribunal
de la Pénitence ; le vicaire flamand voulut
savoir ce qui m'avait amené dans ce pays :
après l'avoir satisfait, il me dit qu'il ne pouvait
m'absoudre si je ne pardonnais à ceux qui
avaient nécessité ma fuite. Je lui dis : « Mon
père, je récite tous les jours le *Pater*, » et il
me réconcilia.

» Nous menions une vie paisible et retirée
à Guelfe, lorsqu'une nuit mon cousin qui était
toujours sur le qui-vive, nous éveille en sursaut
en criant : « Sauvons-nous ! Les Français arrivent ! » Nous écoutons : il nous semble entendre le canon, les coups se succèdent avec une
rapidité étonnante. Nous nous levons ; le bénédictin renverse les chaises, la table, je cherche
mes souliers, je les retrouve en l'air ; le bénédictin les avait à la main croyant que c'étaient

les siens, et il avait pris le chemin de mon
lit au lieu de celui de la porte qu'il ne pouvait
trouver. Nous n'entendions plus mon cousin ;
il avait gagné une autre pièce donnant sur la
rue et s'efforçait d'ouvrir une croisée. Au bruit
que nous fîmes, le fils de la maison vient avec
une lumière ; il aperçoit mon cousin en chemise, grimpé sur le châssis, il nous trouve
habillés et ne sait trop que penser. Mon cousin
se sauve ; notre hôte demande ce que cela veut
dire, et nous de répondre : « Vous n'entendez
point le canon ? » Il écoute et part d'un éclat de
rire qui nous rassure... Qu'était-ce donc ?.. On
devait brasser ce jour-là, et le tonnelier racom-
modait les futailles à grands coups de marteau
dans la cave sous notre chambre.

» Cette aventure était un avertissement ; j'en
profitai (je passe différents incidents), pour
arriver à Tournai huit jours avant l'entrée
effective des Français à Guelfe, où le bénédictin faillit être pris ; quant à mon cousin, il
m'avait suivi.

» Nous nous mîmes en pension chez un
petit marchand épicier et dès le lendemain, je
cherchai à m'occuper. Un avocat m'offrit tren-
tc-six francs par mois pour être son clerc ;
mes finances baissaient, le désœuvrement me
pesait, j'acceptai. Je rencontre un notaire de
Douai, émigré, qui me demande ce que je fais
à Tournai : je lui dis que je suis clerc d'avocat ;
il me répond qu'il rougirait de travailler chez
son égal.

» Je me rendis chez le commissaire des Princes avec mon costume de la prison qui fit rire ses courtisans. Il me reçut avec la plus grande bonté, me félicita de mon évasion et me dit : « Nos secours sont bien faibles, qu'allez-vous faire? » Je lui réponds que je suis clerc d'avocat, afin de m'occuper et de n'être pas à sa charge. — Il me dit : « Je vous en estime davantage. » Quelque temps après, l'ordre est donné aux émigrés de sortir de Tournai ; je me rends de nouveau chez le commissaire qui me dit : « Vous pouvez res- » ter, l'ordre ne vous regarde pas. »

» En causant de ma famille, il me fit part qu'il avait appris par l'évêque d'Arras que mon frère cadet était à Ferrare, chez le cardinal Mattéi, sous le nom d'abbé de Poncheville ; et ajouta : « Je n'entends point qu'il prenne ainsi » votre nom, puisque vous voilà sauvé, il faut » lui écrire de ma part ; » ce que je fis.

» Sa réponse ne me parvint que longtemps après, lorsque j'habitais Valenciennes, où je me rendis en décembre 1793, dans l'espoir de m'y livrer à la profession d'avocat, sous la protection des Autrichiens qui avaient pris cette ville.

IV. — VALENCIENNES OCCUPÉ PAR LES AUTRICHIENS. — LE MAGISTRAT FORCÉ.

« Le commissaire des Princes, qui avait approuvé ce parti, m'avait donné une lettre de recommandation pour le premier Conseiller-Pensionnaire de cette ville qui était un émigré, et de qui j'obtins difficilement audience après plusieurs démarches. Je fus reçu froidement ; il me dit que les émigrés n'étaient pas reçus à Valenciennes, et me conseilla de retourner à Tournai ou de me tenir caché ; je ne fis ni l'un ni l'autre. Valenciennes était gouverné par une junte impériale ; je lui présentai une requête expositive de ma conduite et des motifs qui m'amenaient à Valenciennes.

» Les membres de la *junte*, composée de sujets de l'empereur d'Allemagne, me firent appeler ; je n'eus qu'à me féliciter d'eux. Ils avaient déjà apostillé ma requête d'un permis d'habiter le pays conquis, pour y exercer ma profession d'avocat et me témoignèrent le plaisir qu'ils auraient de me réintégrer à Saint-Pol dans mes anciennes fonctions. J'écrivis à mon cousin qui était resté à Tournai et l'engageai à venir me joindre ; il ne voulut point quitter cette ville, d'où il fut obligé de se sauver en août 1794, lors de l'invasion des Français ; il alla mourir dans un coin de l'Allemagne.

» J'exerçais ma profession avec assez de

succès ; mon épicier de Tournai m'avait prêté un habit noir. Un jour je fus appelé chez le major de la place avec les autres émigrés. J'avais alors reçu la réponse de mon frère. Il me témoignait sa joie de ma délivrance, ses inquiétudes sur notre famille, ses regrets de n'avoir point reçu ma lettre huit jours plus tôt, parce qu'il aurait pu m'envoyer cinquante louis au lieu de dix qu'il me faisait passer. Il m'adressait aussi des copies de mes pétitions, profession de foi, etc., et me priait de les faire imprimer à Valenciennes et de lui en envoyer plusieurs exemplaires, qu'il voulait remettre au Pape, au Régent (depuis Louis XVIII) et autres ; il me mandait qu'il suivait sa première vocation, et me priait de lui créer un titre clérical sur la petite seigneurie de Poncheville, dont mon père avait voulu que je prisse le nom de son vivant.

» A ces pièces était jointe une lettre du cardinal Mattéi ; il me félicitait de ma délivrance :

» Soyez sans inquiétude, me disait il, sur
» le sort de votre cher frère, je m'en charge ;
» venez avec confiance chez moi avec tous
» ceux de votre famille qui auront le bonheur
» d'échapper, je vous recevrai avec plaisir.
» Recevez, en preuve de mon estime, un mor-
» ceau de la vraie croix... »

Fatal Post-Scriptum : — « Ma lettre m'a
» été renvoyée d'Allemagne où on ne souffre
» rien dans les lettres ; j'ai été obligé de retirer

» la relique que je vous réserve. » Je n'ai pas
» eu le bonheur de la recevoir.

» Je reviens au mandat de comparution
chez le major autrichien Kinnaert. J'arrive et
je vois une douzaine d'émigrés aussi appelés
devant lui; il les interroge, leur demande s'ils
ont des ressources, ce qu'ils font à Valenciennes, etc. L'un d'eux répond : «J'enrage, je bats
» le pavé, j'attends la contre-révolution. » Il
lui dit : « Vous irez l'attendre à Bruxelles. »
Mon tour vient, je montre mes papiers, l'ordonnance de la junte, etc. Il me dit : « Vous
» pouvez rester, l'ordre n'est pas pour vous. »

» Je vivais très retiré, donnant des avis et
plaidant. Au 21 janvier, les Royalistes sous-
crivirent pour un service du roi Martyr ; je ne
fus pas le dernier. Ils firent représenter Athalie
et m'engagèrent à y assister ; je pris l'avis de
M. Gosseau, Doyen de Saint-Géry, mon confesseur ; il me dit que je ne le pouvais sans
offenser Dieu ; je m'abstins et depuis lors, j'ai
persévéré.

» L'empereur vint à Valenciennes ; on pla-
ça ses armes aux portes de la ville, on illumi-
na ; c'était une prise de possession. Jusque-là
j'avais eu la bonhomie de croire qu'il n'était
que dépositaire. J'illuminai ; mon transparent
était un aigle à deux têtes couvrant de ses
ailes trois fleurs de lis, avec ces mots au bas :
Sub umbra alarum tuarum protege nos. — Je
ne fus pas tancé de cette preuve de fidélité qui
était une leçon indirecte.

» Je reçus une seconde lettre de mon frère ; il avait vu le roi à Vérone, et il lui avait remis mon imprimé, dont Sa Majesté parut si satisfaite, qu'elle daigna m'envoyer une déclaration signée de sa main, attestant ma fidélité et portant que j'étais digne de la protection des Souverains (1).

« J'appris que mon père, privé dans les prisons d'Arras, d'air, d'exercice et des soins de sa famille, était tombé malade. Ma mère fit tout ce qu'elle pouvait pour l'avoir auprès d'elle ; elle ne put rien obtenir ; elle était d'autant plus désolée que les secours de la religion étaient impossibles dans la prison. Enfin ! lorsque les médecins eurent déclaré qu'il n'y avait plus de remèdes, on voulut bien permettre qu'il allât expirer chez lui. Heureusement, il avait parfaite connaissance. Un prêtre octogénaire, fidèle, fut appelé et le confessa ; il fit ensuite venir ma sœur et mes trois frères, Charles, Xavier et Léandre, leur fit promettre de pardonner à ses persécuteurs, de rester fidèles à Dieu et au roi, reçut le saint Viatique, l'Extrême-Onction et s'endormit dans le Seigneur à l'âge de soixante-dix ans.

« Trois semaines après, ils furent tous incarcé-

---

1. Dans une autre lettre, M. Thellier de Poncheville, parlant encore de la réception faite à son frère par Louis XVIII, ajoute ce curieux détail : « Le roi parut touché de notre fidélité et témoigna le désir de la récompenser par des lettres de noblesse. » Il laisse entendre ailleurs qu'il avait été question, dans ces promesses d'exil, de la collation d'un titre héréditaire.

rés avec notre cuisinière : ma mère dans une prison, ma sœur dans une autre, et mes frères dans la citadelle de Doullens. Ou arrêta aussi ma grande tante, trois sœurs de ma mère, mon oncle, mes cousins et mes cousines.

» Cependant Dieu paraissait abandonner les alliés ; la défaite de Charleroi leur fit bientôt perdre leurs conquêtes, l'alarme se répandit à Valenciennes ; l'élite de la ville prit la fuite, ainsi que la junte, les conseillers pensionnaires, les échevins et autres fonctionnaires publics. Nous avions une forte garnison ; j'étais dans une parfaite sécurité et je restai tout disposé à défendre les remparts, malgré mon éloignement pour l'état militaire.

» Le lendemain, le major de la place, que tout le monde redoutait, m'envoie chercher par un caporal qui ne voulait point me laisser habiller pour ne pas faire attendre. J'arrive, le Major me dit : « Le Magistrat de Valen- » ciennes a déserté son poste (1), ce qui expose

---

1. » L'an mil sept cent quatre-vingt-quatorze, le trentième » jour du mois de juin, nous jurés échevins de la ville de » Valenciennes soussignés, convoqués par M. Bertin, le plus » ancien de nous pour la présente assemblée, à l'effet de » suivre le cours de nos fonctions tant dans l'ordre judiciaire » que dans l'ordre d'administration, et personne autre que » nous dits soussignés ne s'y étant trouvés, parce que tous les » autres Magistrats ainsi que tous les officiers composant le » Bureau, se sont absentés de la Ville, nous n'avons pu » remplir d'une manière légale les fonctions qui nous sont » confiées ; comme il résulte de là un préjudice notable tant » pour le service de Sa Majesté que le service public, et qu'il » importe aux soussignés de ne pas être compris parmi ceux

» les habitants à être gouvernés militairement;
» il me faut un nouveau Magistrat, le com-
» mandant vous en nomme le chef et vous
» charge du choix des autres. »

» Je lui dis que je suis étranger, que je ne
connais personne, que j'ai besoin d'un délai
moral pour ne choisir que des sujets probes et
fidèles. Il me répond : « Je vous donne vingt-
quatre heures ; allez, le temps presse. » Je
vais chez mon directeur que je ne voyais qu'au
tribunal de la pénitence je l'informe de la
commission que j'ai reçue et le prie de faire
un choix. Il me demande huit jours pour y
réfléchir et en conférer avec le doyen de Saint-
Nicolas ; je lui dis que je n'ai que vingt-quatre
heures : « Impossible, me répondit-il, il faut
» un prévot, douze échevins, deux conseillers
» pensionnaires, un procureur-syndic, trois
» greffiers, trente-six membres du grand-con-
» seil ; avez-vous quelqu'un en vue ? » Je lui
fais observer que je suis un étranger, que ceux
je connaissais avaient pris la fuite , que cepen-

» de Messieurs du Magistrat et les Officiers du Bureau qui
» ont abandonné leurs fonctions dans un moment où il était
» si important de les continuer, ils ont cru devoir protester et
» dresser le présent procès-verbal pour y être pourvu,
» auquel effet il sera dressé trois expéditions pour être
» envoyées savoir l'une à Son Excellence Monseigneur le
» comte de Metternich, ministre plénipotentiaire de Sa
» Majesté, et les deux autres à Messieurs Le Clercq et de
» Vielleuses, ancien et nouveau président de la Junte, les jours
» mois et an que dessus.

» *Lamoninary*, *Biston*, *Bataille*, par ordre. »

dant, je choisirais volontiers un de ses paroissiens dont j'ignorais le nom et qui m'édifiait à l'église par sa piété exemplaire. — Il me dit: « Je le connais, c'est M. Morel; en voilà un ; et » les autres. » — « Je ne connais pas vos » usages, lui dis-je, donnez-moi d'anciens » magistrats. » — « M. Bertin, échevin, n'a pas » fui, mais il a quatre-vingt-quatre ans. » — » C'est égal, je le fais prévôt. » — « M. Perdry » de Maingoval est un jurisconsulte plein de » religion. » — « Il sera mon premier éche-» vin. »—« Et vous ? » — « Quelle est la place » qui exige le plus de travail ? » — « Celle de » conseiller pensionnaire. » — « Je serai con-» seiller pensionnaire. Ne perdons pas de » temps ; voyez votre confrère, faites votre » liste ; demain je la porterai au major.

» On eut vent de ma mission ; je reçus des visites, des uns pour être nommés, des autres pour ne l'être pas. Le lendemain, je porte ma liste ; le major la parcourt et dit : « Vous » n'êtes pas en tête ? » Je lui fais observer que la place de prévôt appartient à M. Bertin, que je suis trop jeune, que j'aime le travail et que je me chargerai seul des fonctions de Conseiller-Pensionnaire. — « J'y consens, je compte sur » vous ; je vais faire appeler les autres et de-» main je vous réunirai. » Les uns acceptent, les autres refusent ; il les menace de cinquante coups de bâton sur la place et de gré ou de force, il crée un nouveau Magistrat dont deux beaux-frères de Melle Fournier, qui m'était alors inconnue et qui est maintenant ma femme, faisaient partie (1).

1. Voici la liste du Magistrat, telle qu'elle fut publiée le 3 juillet :

« Messieurs,

Jean-Joseph *Bertin*, Avocat au Parlement, Prévôt.
                                          Lieutenant-Prévôt.
Jean-Baptiste-Bernard *Thellier de Poncheville*, Avocat au Parlement, Conseiller-Pensionnaire.
François-Marie-Thimothé *Pléo*, Notaire et Avocat au Parlement, Juré-Échevin.
Jacques-Antoine-Emmanuel *Bouxe*, Avocat au Parlement, Juré-Échevin.
Talon, Licencié ès lois, Juré-Échevin,
Jean-Baptiste-Joseph *Biecourt*, Juré-Échevin.
Yves-Joseph *Morel*, Juré-Échevin.
Charles-Emmanuel-Joseph *Payen*, Juré-Échevin.
Jean-Chrysostome *Gobeau*, Juré-Échevin.
Jean-François-Joseph *Prin*, Juré-Échevin.
Louis-Joseph-François *Barbet* fils, Juré-Échevin.
Pierre-Joseph Melchior *Flory* fils, Juré-Échevin.
Louis-Henri-Joseph *Dubois-Fournier*, Juré-Échevin.
Norbert-Hyacinthe *Boca*, Procureur-Syndic. »

On a vu que dans cette liste le nom du Lieutenant-Prévôt est resté en blanc ; la curieuse lettre suivante explique cette lacune :

« Monsieur, — L'urgente nécessité qui oblige en ce moment tout honnête homme capable de rendre quelque service à ses bons concitoyens, ne permet aucun refus, lorsqu'on lui propose de s'y'prêter , à moins d'être regardé et *traité comme un malveillant* qui trouve son plaisir dans le désordre, *des gens que nous sommes obligé*, d'après les circonstances présentes, *de faire sortir de la ville*. Espérant, Monsieur, que vous n'êtes point de ce nombre, je vous réitère ma demande de vouloir accepter la charge de *Lieutenant-Prévôt* sous les conditions que j'eus hier l'honneur de vous proposer, et d'après cela, de vouloir bien vous rendre chez moi à l'heure indiquée, si ce n'est que vous préfériez le dernier parti. C'est sur quoi

« Le lendemain, le major nous réunit ; le vieux M. Bertin prend la parole et lui dit : « Monsieur le major, ce n'est pas tout d'avoir » fait un Magistrat, il faut un Conseiller-Pen- » sionnaire et même deux. » Le major dit : « Voilà votre affaire, » en me montrant . — « Il est bien jeune, reprend M. Bertin, le connaissez-vous ? » — « J'en réponds ; allez » rendre vos devoirs au commandant. » Nous partons ; arrivés à la porte, M. Bertin me dit : « C'est à vous à faire le compliment. » — « Il » fallait me prévenir ; soit, je le ferai. » L'au- » dience finie, nous nous rendons à l'Hôtel-de- Ville ; M. Bertin me dit : « Il faut une procla- » mation pour avertir les habitants de notre » nomination ; cela vous regarde, minutez-la. » » Je lui réponds qu'il me faut le temps de la réflexion. « Passez dans votre cabinet, reprit-il ; » nous attendrons. » Malgré son grand âge, il était vif et avait le ton brusque. J'obéis, je reviens une demi-heure après et je lis mon projet .... « Diable, dit-il, ce n'est pas votre » coup d'essai, allons, allons, nous en sortirons. » On la fit imprimer de suite et afficher. Je ne vous citerai que cette seule phrase qui trouvera

j'attends de votre part une réponse catégorique, ayant l'hon-neur d'être Monsieur, votre très humble et très obéissant serviteur :

De Kinnaert,
Major de place.

» Valenciennes, ce 3 de juillet 1794.

» A Monsieur Perdrix de Maingoval, chez lui. »

place dans mes aventures : « C'est à cet Au-
» guste libérateur que nous devrons le réta-
» blissement de l'Autel et du Trône, etc. »

» Notre administration était toute paternelle ;
nous avions garanti la ville d'un gouvernement
militaire et les habitants paraissaient satisfaits.
Maislecommandantnous demanda un emprunt
forcé de cent mille francs ; il fallut trouver la
somme, et des murmures se firent entendre. Il
nous ordonna de dresser un échafaud sur la
place : « Qu'allez-vous répondre, me dit M.
» Bertin ; nous ne serons plus bons qu'à jeter
» aux chiens. » — « Cela ne sera pas long, »
lui dis-je, et de suite j'écris : « M. le Comman-
» dant, nous sommes les protecteurs de nos
» concitoyens, nous ne pouvons en être les
» bourreaux. » — « C'est bref,il se fâchera. » —
« Je vais lui porter la réponse et je lui ferai en-
» tendre raison ; dans le cas contraire, nous
» aurons la ressource de notre démission. » Je
vis le Commandant, il approuva mes motifs
et fit dresser l'échafaud par ses soldats.

» Des bourgeois furent arrêtés ; nous les réclamâmes, ils nous furent rendus . . . . une
fille fut violée, nous demandâmes justice et le
soldat fut condamné à mort. — Enfin les
Français viennent assiéger Valenciennes . . . . . .

» Me voilà à la tête d'une ville occupée militairement par les Allemands, et assiégée par
les républicans Français qui ont juré guerre à
mort à la maison d'Autriche, *à fortiori* aux
émigrés. Tous les détails tombaient sur moi,

j'étais surchargé de travail ; je ne pouvais me promener : la sortie de la ville, les remparts étaient interdits. Je succombais sous le poids, ma santé dépérissait, j'avais besoin de repos ; je me rendis chez le major de place à qui je fis part de ma position. D. — « D'où vient votre indisposition ? » «—R. De l'excès de travail.» — « Il n'y a point d'autre cause? » — « Non. » — M. le major dit : « — J'ai votre affaire. » — Il sonne, un domestique vient, il lui parle allemand ; le domestique sort, revient quinze minutes après avec une petite bouteille, un verre et une tranche de pain grillé. Le major prend la bouteille, verse jusqu'à moitié du verre et me dit : « Trempez le pain là-dedans, mangez et avalez. » J'obéis ; cela fait, il me dit: « Emportez la bouteille, ce soir vous en ferez autant, ainsi que demain matin ; après-demain vous viendrez me donner de vos nouvelles. »

— « M. le major, j'aurais besoin de respirer un air plus pur. » — « Voulez-vous sortir de la ville ? » — « S'il n'y a pas de danger. » — « Sur le rempart ? » — « Volontiers. » — « Je vous l'accorde. » — « Ne pourrai-je pas avoir compagnie ? » — « Qui ? » — « M. Dubois, sa femme et sa sœur, (aujourd'hui mon épouse). » — Il prend la plume et il écrit : « Permis à M. Thellier de Poncheville et à Mademoiselle Fournier de sortir de la ville et de se promener sur le rempart. » — « M. le major, permettez. » La décence ne me permet point d'user de » votre permission ; mettez s'il vous plaît,

» Mademoiselle Fournier avec sa sœur et
» laissez-moi seul.» Il consent, je le remercie et
je me retire avec la bouteille dont je vois la fin
le second jour.

» Je retourne chez le major qui me dit :
« Comment vous trouvez-vous ? »

« Très bien, je puis me livrer à toutes mes
fonctions.» — « Je le crois, mon gaillard, vous
en avez pour trois louis dans le corps.» Cet
officier, si dur en apparence, s'était privé pour
moi et dans un moment de siège, d'une bouteille de vin de Tokaï ; je lui témoignai toute
ma reconnaissance et je vis qu'il était content
de mon prompt rétablissement. Je voulus user
de ma permission, je sortis de la ville ; mais
un boulet de canon que j'entendis siffler au-
dessus de ma tête et qui partait du rempart,
me fit regarder devant moi ; j'aperçus une
vedette républicaine et je rentrai en ville. Je
bornai mes promenades au rempart jusqu'au
moment où les balles m'avertirent qu'il fallait
y renoncer.

» Je pris toutes les précautions d'usage pour
soulager les habitants pendant le siège. Le
général voulut faire sortir toutes les bouches
inutiles ; nous réclamâmes et nous fûmes
écoutés.

» Au bout de six semaines, on m'avertit
qu'il avait capitulé ; je me rends chez lui, je
l'informe du bruit qui court ; il m'assure qu'il
n'en est rien et ajoute : « Si vous avez des inté-
» rêts à ménager, présentez moi des articles

» de capitulation. » — « Général, lui dis-je, je
» vois bien que nous sommes sacrifiés. » —
« Que peut-il vous arriver ? » —« La mort ;
» mais je n'en ferai pas moins mon devoir. » —
« Je donnerais mon doigt pour vous sauver. »
— « Donnez-moi une place dans vos four-
» gons. » — « Je ne le puis, je suis lié ; pro-
» posez-moi vos articles, je les appuierai auprès
» du général français. »

« Je vais rendre compte au Magistrat de ma
mission ; nous rédigeons nos articles : maintien de la religion, sûreté pour les personnes et
les propriétés, liberté aux émigrés de se retirer,
etc.

» Le général envoie notre demande au général français comme article additionnel. Il répond : « La capitulation étant signée, renvoyé
aux représentants du peuple en mission. »

» Les moments étaient précieux ; je com-
mençai par le plus pressé : je m'approchai du
tribunal de la pénitence et après l'absolution,
je demandai à M. le curé de Saint-Géry, mon
directeur, si je pouvais recevoir mon Créateur
en forme de viatique : « Êtes-vous en danger
de mort ? » — » On peut me fusiller après-
» demain comme émigré. » — « Puisqu'il y a
» péril imminent vous le pouvez. » Ce premier
devoir rempli, je me rendis à l'Hôtel-de-Ville,
nous examinâmes tous les papiers qui pouvaient compromettre les habitants et nous les
brûlâmes. Tandis que nous étions occupés à
cette opération, on vint nous avertir que trois

dragons de La Tour voulaient tuer un habitant qui avait crié : Vive la République. — « Courons à son secours, » dis-je. Je prends mon parapluie, je pars sans chapeau, deux échevins me suivent. Nous trouvons les trois dragons à cheval cherchant à briser les croisées à coups de sabre ; je leur crie d'arrêter, ils font un mouvement, les chevaux se cabrent, un échevin prend la fuite, l'autre va tomber presque sans connaissance contre un mur. Je m'approche du chef, je lui adresse des reproches ; il me dit en français : « Quoi ! c'est » vous qui tenez ce langage, vous émigré ! » Je lui réponds : « Oui c'est moi que votre géné- » ral sacrifie, je ne permettrai point un assas- » sinat et je vous ordonne au nom de l'Empe- » reur de mettre bas les armes. » Il lève son sabre, je croise mon parapluie sans penser aucunement au danger ; le peuple s'assemble, un appariteur vient à mon secours avec son petit sabre d'ordonnance ; les dragons piquent leurs chevaux et partent au grand galop nous laissant maîtres du champ de bataille. Je me rends chez le général, je lui demande sûreté pour le patriote ; il fait mettre aux arrêts les trois dragons. Un officier français se trouvait là occupé à compter des ducats, il me regarde et dit : « C'est ainsi que de vrais magistrats » doivent se conduire ; j'en rendrai compte au » général. » Je retourne à l'Hôtel-de-Ville, on me félicite ; en rentrant chez moi je rencontre un patriote qui me frappe sur l'épaule en

disant : « Ton action efface tous tes crimes ;
» mes amis entrent demain, je les régale, j'ai
» tué un porc, je t'invite à dîner. » Un autre
offre de me cacher, je le remercie.

« Le lendemain je retourne à l'Hôtel-de-
Ville ; ces Messieurs m'apprennent que le Magistrat est le dépositaire des clefs d'honneur,
que l'usage veut qu'il les présente aux nouveaux maîtres à leur entrée et que le Conseiller-Pensionnaire les harangue, ils ajoutent :
« Qui vous remplacera ?..... » Je réponds : « Qui
» me remplacera ?..... » Tous de répondre de
concert : « Pas moi, pas moi. » — Je connais
» quelqu'un, leur dis-je. » — « Qui ? » — » C'est
» moi. Messieurs, et vous me suivrez. » —
Nous partons, le général était aux portes de
Valenciennes ; les Autrichiens défilaient..... Je
m'approche, tenant les clefs sur un plat d'argent et je dis : « Le Magistrat de Valenciennes
» vous prie, par mon organe, d'agréer son
» hommage et de recevoir ces clefs que des
» lâches n'ont pu défendre. Nous ne les avons
» servis que pour protéger nos frères et les ga-
» rantir de l'oppression ; nous croyons avoir
» bien mérité de la patrie..... » Il me répondit :
« Je connais votre conduite, je suis content de
» vous, retournez à votre poste. » Ce que nous
fîmes.

» Arrivent les membres du district réfugiés
en France ; cette fois je dis à nos Messieurs :
« C'est votre tour, allez leur faire vos compliments. » Les moins royalistes y allèrent ; ils

eurent soin de dire : *Citoyens,* on leur répondit : *Messieurs.*

» En rentrant l'un d'eux me dit : » Ça ne va
» pas mal, ils nous ont appelés Messieurs. » —
« Ce n'est pas tout, leur dis-je ; il faut leur
» écrire pour connaître si nous devons conti-
» nuer d'administrer provisoirement la ville. »
Je fis la lettre. — Ils répondirent : « Le Magis-
» trat Autrichien cessera de rendre la justice
» et se bornera aux objets de simple police,
» comme de commander des tombereaux pour
» enlever les boues demain avant dix heures. »

» Je commande douze tombereaux, je rentre
chez moi, je mets ordre à mes papiers ; le soir
je vais chez Melle Fournier, je lui remets mon
argent et la prie de me le garder, soit pour
moi, soit pour ma famille ; elle pleure, je la
quitte et je lui écris..... N'allez pas vous scan-
daliser ; jusqu'à ce moment j'avais gardé un
silence respectueux :

» Pourquoi vous affliger ? Rien n'arrivera
» que par la Providence ; que peuvent les
» hommes contre sa volonté toute-puissante ?
» Si Dieu nous a destinés l'un pour l'autre, il
» saura nous réunir ; conservez-vous donc pour
» celui qui ose se flatter de l'espoir de vous
» appartenir un jour. »

« Je me couchai à minuit, je m'endormis, et
à une heure du matin vingt fusiliers vinrent
m'arrêter et me firent parcourir la ville en
allant arrêter successivement mes collègues.
L'un d'eux en me voyant dit : « Je suis un

homme perdu, on me met avec M. de Poncheville. » Je lui répondis : « En êtes-vous en plus mauvaise compagnie ? » Enfin on nous mène à l'Hôtel-de-Ville avec deux doyens, et l'on nous consigne dans une chambre ; je m'approche du Doyen de Saint-Nicolas, je le prie de m'écouter et j'en reçois l'absolution générale ; vous voyez que j'avais soin de moi. A dix heures du matin, on fait l'appel nominal, on nous fait descendre sur la place, qui était encombrée de spectateurs. La troupe était sous les armes ; les douze tombereaux que j'avais requis la veille pour enlever les *immondices* étaient là, on nous y fait monter. J'eus l'avantage d'être dans celui des deux doyens et de M. Morel. Les femmes éplorées accourent pour faire leurs adieux, la troupe les repousse; j'aperçois Melle Fournier, je lui souris ; et nous partons escortés d'un détachement.

» En passant à Rouvignies on cria : *Chapeaux à vendre* (1). En arrivant à Bouchain, on nous jeta des pierres, et notre escorte mit le sabre à la main pour nous protéger.

» A Douai on nous sépara des deux doyens, qu'on mit dans la prison des malfaiteurs, et l'on nous entassa dans une chambre de l'ancien couvent des Annonciades, d'où l'on avait enlevé les vitres, les poêles et jusqu'au plancher; nous eûmes pour lit une demi-botte de paille.

» Pendant ce temps, la Terreur qui avait

_____

1. On comprend le sens de cette lugubre plaisanterie.

disparu en France avec Robespierre, retrouvait son empire à Valenciennes. Quinze cents individus y furent successivement arrêtés. Parmi eux se trouvaient sept émigrés qui furent fusillés, mon Directeur qui fut guillotiné avec plusieurs Prêtres, et les religieuses Ursulines, qui allèrent à l'échafaud en chantant le *Te Deum*. Comment se fait-il que je n'ai point partagé leur sort !... On voulut se débarrasser de ceux qu'on avait arrêtés les premiers, et qui étaient les principaux habitants de la ville... : les autres émigrés s'étaient cachés, je m'étais montré publiquement, j'avais présenté les clefs au général : il ne vint dans l'idée d'aucun terroriste que j'étais émigré, et lorsqu'ils l'apprirent, je n'étais plus en leur pouvoir.

» Ce fut dans la prison de Douai que j'appris les désastres de ma famille. Après la mort de mon père, ma mère et ma sœur avaient été immolées à Cambrai ; on avait envoyé le plus jeune, Léandre (1) à l'armée ; mon frère André avait été tué dans la légion de Rohan, et Bernard assassiné en Italie, lors de la prise de Ferrare. Ma grand'tante, âgée de quatre-vingt-dix ans, était morte après onze mois de captivité : d'autres parents avaient été immolés..... Et j'ai pu résister à tant d'infortunes ! »

---

1. Le seul, avec l'auteur de ce récit, qui ait survécu à la tourmente ; il mourut en 1811, Conseiller à la cour de Douai.

ES détails sommaires sur l'immolation de toute une famille méritent d'être complétés. On me permettra d'interrompre un moment le récit de M. Thellier de Poncheville, et d'évoquer une dernière fois, au seuil de la prison et au pied de l'échafaud, toutes les figures entrevues dans les premières pages de ces « vieux souvenirs. »

L'honneur d'être le premier voué à la mort revenait de droit au chef de la famille, à l'ancien subdélégué, à l'ex-directeur du district, dont j'ai essayé d'esquisser le portrait. C'était pour les pourvoyeurs du bourreau une victime de choix. Son énergie, ses talents et l'autorité qu'il avait conservée sur ses concitoyens en faisaient un adversaire redoutable ; et dès longtemps ils avaient signalé Bernard Thellier de Poncheville comme « le chef des aristocrates de Saint-Pol. »

Une première fois on l'avait arrêté, mais, ainsi que nous l'avons vu, il avait été délivré par la population de Saint-Pol. L'évasion de son fils fournit enfin à ses ennemis un grief sérieux, et aussitôt après cette évasion, au commencement d'avril 1793, on le mit de nouveau en état d'arrestation comme « fauteur et complice des trames ourdies contre la chose publique. » On ne le laissa que peu de temps à Saint-Pol, dont on craignait le peuple, et il fut dirigé vers ces prisons d'Arras qui ne s'ouvraient guère que sur l'échafaud. On avait eu l'inhumanité de lier le vieillard sur une charrette, mais les réclamations furent si vives que ses bourreaux durent permettre qu'on le mît dans une voiture plus commode entre deux gendarmes.

Nous savons que la maladie trompa l'attente de la *Sainte-Guillotine*. Nous avons vu comment, sur le lit de mort où l'avaient couché les tortures physiques et morales, le captif, consolé furtivement par un prêtre fidèle, fit promettre à ses enfants de pardonner à ses bourreaux.

C'était en juillet 1793. Sa veuve, retirée à Arras avec sa fille et trois de ses fils, (ceux qui n'étaient pas en fuite ou émigrés), ne devaient point échapper longtemps aux persécutions. « Le 1er août, raconte l'historien de Joseph le Bon, le Département fit arrêter et conduire à Doullens « les trois fils Thellier » ; le plus jeune, Léandre, n'avait pas encore terminé ses études. Mme Thellier, laissée en liberté, fut obligée, au mois de novembre, de se rendre à Saint-Pol, pour s'occuper de la succession de Charles de Rohan, prince de Soubise, qui avait été confiée à son mari. Quoiqu'elle eût une passe du Comité de surveillance d'Arras, elle fut arrêtée à Saint-Pol le 8 brumaire « sous » prétexte qu'elle était mère d'émigrés et » qu'elle avait propagé l'aristocratie ». Malgré ses réclamations elle ne fut amenée à Arras que liée et garrottée, le 7 germinal, pour être enfermée à la prison dite des Baudets.

» Marie-Joseph-Bernardine-Adélaïde Thellier, (32 ans) sa fille, s'était fait connaître au Comité de surveillance par des lettres touchantes écrites en faveur de sa mère et de ses frères détenus ; ce comité l'avait fait emprisonner aux Orphelines le 8 ventôse (20 février), comme sœur d'émigrés très suspecte. »

» Le 7 germinal, Le Bon traduisit Mme Thellier et sa fille au Tribunal révolutionnaire :
» Vu les interrogatoires subis par les nommées
» Thellier mère et fille, et les pièces qui ont
» servi de matière aux dits interrogatoires ;

» Considérant qu'il a existé des correspon-
» dances criminelles avec les ennemis du dehors
» et entre ceux du dedans, et que ces manœu-
» vres ont compromis la sûreté intérieure de
» la République ;

» Considérant que les sus-nommées Thellier
» mère et fille sont prévenues d'avoir participé
» à ces manœuvres contre-révolutionnaires en
» recevant des lettres coupables et en propa-
» geant le poison par différentes copies ; Ar-
» rête etc... »

» A cette accusation, il fut ajouté que Mme
» Thellier avait recélé les meubles de la baronne de Fumal, émigrée. Ce nouveau grief n'avait d'autre fondement qu'une lettre datée de Trente (Italie) 23 février 1793, et adressée à M. Thellier de Poncheville, exécuteur testa-

mentaire de Mme de Fumal. Mmes Thellier
furent condamnées à mort (1). »

Le jugement est du 21 germinal an II (10
avril 1794) ; le jury avait reconnu ces deux
femmes coupables de crime de « conspiration
contre la liberté de la nation française ! »

Au pied de l'échafaud, la mère et la fille s'en-
couragèrent à mourir en se montrant le ciel, et
confessèrent noblement leur foi devant ce
peuple hébété qui laissait égorger les femmes.

Le bourreau réclamait d'autres victimes du
même sang. Les « trois fils Thellier » arrêtés
avant leur mère et leur sœur vivaient encore ;
cela ne pouvait se supporter. « On se rappelle,
— dit l'historien que je viens de citer et dont je
ne puis mieux faire que de reproduire encore le
récit, — on se rappelle que Charles, Xavier et
Léandre Thellier de Poncheville avaient été
arrêtés à Arras le 1er août 1793, et conduits à
Doullens. Le 5 octobre, Xavier avait imploré
inutilement la pitié de la municipalité d'Arras
en faveur de son frère Charles, malade à l'hôpital, et demandé que, jusqu'à sa guérison, il fût
libéré sous caution. Les jeunes Thellier, ne se
laissant pas rebuter par ce refus, et « sans autre
» recommandation que leur innocence, » osè-
rent représenter au Comité de surveillance, le
25 frimaire, « que depuis un mois, plus de

---

1. *Histoire de Joseph Le Bon et des Tribunaux Révolutionnaires d'Arras et de Cambrai*, par A.-. Paris, 2e édition,
t. Ier, p. 305 et 306.

» soixante prisonniers appartenant aux dis-
» tricts d'Abbeville, Montreuil, Hazebrouck et
» Douai, étaient sortis de la citadelle de Doul-
» lens. — D'où vient, disaient-ils ingénument,
» l'exception qui retient sous les fers les pri-
» ronniers d'Arras ? »

» Fatigués d'une réclusion sans terme, sachant peut-être que leur mère et leur sœur
étaient mortes sur l'échafaud d'Arras, ils cherchèrent les moyens de s'échapper de prison. Le
23 prairial, Charles et Xavier Thellier, accompagnés d'un troisième prisonnier, François
Biencourt, réussirent dans leur projet. Déjà les
fugitifs avaient gagné la frontière, lorsqu'ils
rencontrèrent les avant-postes de l'armée française, et furent arrêtés.

» Envoyés à Cambrai, le 25 prairial par
l'agent national du district de Douai, Charles-
François-Ghislain Thellier (27 ans), avocat ;
(1) François-Xavier-Yves Thellier (21 ans),
écolier, furent comdamnés à mort, comme
« convaincus d'émigration. » — « Contre-révo-
» lutionnaires, dit Jouy (2), ayant cherché,
» après leur évasion de Doullens, à s'émigrer,

---

(1) C'est une erreur; il était, comme nous l'avons vu, étu-
diant en théologie.

(2) Dans ses notes d'audience. — Jouy était un de ces *patriotes vigoureux*, que Le Bon avait amenés avec lui à Cambrai
pour former le Jury du Tribunal Révolutionnaire de cette ville.
Ce tribunal était une *succursale* de celui d'Arras qui ne pouvait
plus suffire seul à l'horrible besogne.

» et ayant été arrêtés par une patrouille française au-delà des avant-postes (1). » Ils furent exécutés le 1er Messidor (19 Juin 1794).

» Je trouve dans une lettre de M. Thellier de Poncheville quelques touchants détails sur ces deux martyrs : « Charles, dit-il, était au séminaire de Saint-Firmin, à Paris, lorsque la Révolution le contraignit d'en sortir. Il avait un courage à toute épreuve, et s'il y avait une mission périlleuse il était toujours prêt. Lorsque mon père fut arrêté la première fois, Charles se trouvait à Arras avec ma mère, et j'étais réfugié à cinq lieues de cette ville ; il vint me trouver à pied, pendant la nuit, pour se concerter avec moi, et repartit peu après pour Arras avec mes instructions.

» Après la déroute des Prussiens en Champagne, apprenant qu'André, mon quatrième frère, qui servait dans l'armée de Condé, s'était réfugié à Valenciennes, il s'y rendit, et muni d'un certificat de résidence, il le ramena à Arras. La force armée ayant arrêté André, il voulut savoir où on le conduisait ; il suivit les fusiliers malgré leurs menaces, et ne revint qu'après avoir vu son frère entrer dans une prison où il lui procura des secours.

» Xavier était d'une charmante figure, doux, affable, mais disposé comme ses frères à tout souffrir pour son Dieu et son roi. »

---

1. A.-J. Paris. 2e Édition, t. 2, p. 222 et 223.

Xavier dessinait avec goût et je ne sais quelle heureuse rencontre a fait parvenir jusqu'à ses petits neveux une jolie sanguine, relique précieuse, qu'il a datée de sa prison de Doullens. Le dessin nous montre une femme aux traits nobles et touchants, agenouillée devant un autel antique chargé de fleurs; les mains jointes, les yeux levés au ciel, elle semble prier ; au pied de l'autel, est une urne funéraire.

Sous cette image païenne, il y a sans doute une pensée chrétienne, que le prisonnier n'aurait pu sans danger exprimer plus clairement. Cette urne, c'est peut-être celle qui doit recevoir ses cendres ; cette femme qui prie, n'est-ce pas sa mère ou sa sœur dont il ignore encore la fin héroïque ? Au bas du dessin, on lit cette seule phrase tristement éloquente : « Douzième mois de ma détention ! » Quelques jours, — quelques heures peut-être — plus tard, il tentait avec son frère cette évasion qui devait, pour tous deux, aboutir à l'échafaud.

Leur plus jeune frère, Léandre, avait été arrêté avec eux ; mais en considération de son âge — il n'avait que 17 ans — on l'avait fait sortir de prison pour l'incorporer dans l'armée républicaine. De l'autre côté de la frontière, son frère André, l'ancien *Dauphin-Infanterie*, celui que nous avons rencontré à Poperinghe, combattait dans les rangs de l'armée de Condé. Hélas ! l'échafaud rougi par le sang des siens l'empêchait, comme tant d'autres, de reconnaître la Patrie !

Après une première campagne avec les Princes, André était, comme nous l'avons vu, rentré en France, et ramené par son frère Charles à Arras, il y fut arrêté. Ici se place un incident que raconte mon grand-père, et qui est à retenir à l'honneur du clergé d'Artois : « Lorsqu'André fut arrêté et conduit en prison, il y rencontra M. Poulain, chanoine d'Arras, émigré rentré. Ce chanoine qui ne pensait qu'à la mort, chercha à y disposer André en l'engageant surtout à ne point trahir la vérité pour sauver sa vie. Livrés tous deux au même tribunal, on les interrogea ; M. Poulain avoua son émigration. Les juges qui voulaient le sauver (la Terreur ne régnait pas encore), cherchèrent en vain à le faire rétracter en lui disant : « N'était-ce pas une absence momentanée, la crainte d'être persécuté ? N'aviez-vous pas conservé l'esprit de retour ? » — « Messieurs, dit ce saint prêtre, je ne puis conserver ma vie que par un mensonge, j'en fais le sacrifice à Dieu, pour qui j'ai fui afin de lui rester fidèle ; je n'ai dit que la vérité, disposez de moi ». Il fut condamné à mort ! — Quand ce fut le tour d'André, il nia tout avec assurance. Les preuves manquaient, il avait un certificat de résidence ; il fut acquitté et mis en liberté. »

S'il faut admirer le chanoine, personne, à coup sûr, ne blâmera le soldat !

Mais le récit continue :

« Apprenant que j'avais été arrêté il s'offrit de *servir* si l'on voulait me faire sortir de prison ; mais lors qu'il sut que j'étais évadé, il sortit de France de nouveau et vint me rejoindre à Poperinghe où nous faillîmes être pris (1). Nous nous réfugiâmes à Ypres et de là à Tournay. André apprenant que le duc de Montbazon, fils de la princesse de Guémenée, comtesse de Saint-Pol, formait une légion d'émigrés, se rendit auprès de lui et s'enrôla dans sa légion.

» Le Régent m'ayant fait savoir qu'il était satisfait de la conduite d'André, j'en fis part aussitôt à M. le Duc de Montbazon que je connaissais. Depuis lors je n'entendis plus parler de mon frère jusqu'au moment où j'appris par M. Trasnoy qui servait avec lui, qu'il avait été tué au-delà du Rhin, dans une affaire contre les républicains. »

Comme André, son frère Bernard — l'*abbé* de Poncheville — devait mourir en exil d'une main française. Mon grand-père nous a laissé aussi sur lui quelques détails :

« Bernard qui étudiait en théologie au commencement de la Révolution, se prononça fortement contre elle, même en chaire où il avait obtenu la permission de paraître quoiqu'il ne fût que tonsuré. Plein de zèle pour la religion, il ne put voir de sang-froid les prêtres dits constitutionnels prendre la place des pasteurs légitimes ; il allait dans la cabane du pauvre l'instruire de ses devoirs et le prémunir contre

---

1. On a vu plus haut le récit de cet incident.

le schisme. Après la dispersion et l'exil des prêtres fidèles, il put rejoindre les princes. Comme mon père avait eu l'honneur de recevoir et loger en 1788 le prince de Condé, le duc de Bourbon et le duc d'Enghien, que Bernard à la tête des écoliers les avait harangués, que le duc d'Enghien à peu près de son âge avait joué avec lui, il se présenta à Leurs Altesses dont il fut si bien accueilli que le duc de Bourbon le prit pour son secrétaire. Il l'accompagna en cette qualité à l'armée des émigrés jusqu'au moment de la retraite des Prussiens en Champagne. Tout ce que possédait mon frère était avec le bagage du prince qui fut pillé par les soldats prussiens.

» Se trouvant sans ressources, il se rendit à Berlin et porta ses plaintes au Roi, qui lui accorda un dédommagement de trois cents francs. Il fut ensuite trouver l'ambassadeur de Russie, lui exposa sa situation, celle de mon père qui avait eu l'honneur de recevoir l'empereur de Russie voyageant alors sous le nom de comte du Nord ; cet ambassadeur lui fit présent de cinquante louis et lui donna des lettres de recommandation qui lui donnèrent la facilité de passer en Italie. Arrivé à Ferrare, il alla rendre ses hommages au cardinal Mattéï, archevêque de cette ville, qui le retint auprès de lui, et le chargea de distribuer des secours aux Français expatriés qui étaient dans le besoin. J'ignorais ce qu'il était devenu, et ce fut M. le comte de Cunchy, commissaire des

princes qui m'apprit sa résidence quand j'étais
à Tournay.....

» Ma seconde arrestation me fit perdre de
nouveau les traces de mon frère. Ce ne fut
qu'après le Concordat que je pus faire parvenir
une lettre au cardinal Matteï, par l'intermé-
diaire du cardinal Caprara, nonce de Sa Sain-
teté à Paris. Son Éminence s'empressa de me
répondre et me fit connaître qu'après la prise
de Ferrare par les Français, mon frère avait
cherché à gagner Venise. Il était près d'y
arriver lorsqu'il fut assassiné et jeté dans l'A-
dige, où son corps a été retrouvé et reconnu.»

Le père mort en prison, la mère sur l'échafaud, la fille et quatre fils successivement
immolés, un autre fuyant la mort qui le poursuit : il semble que la tragédie est complète !
Mais ce n'est pas assez.....

Le 18 floréal (7 mai 1794), trois autres
Thellier étaient montés sur l'échafaud d'Arras.
C'étaient Hubert Thellier du Courval, ex-ar-
gentier de l'échevinage, Louise Thellier sa sœur,
femme d'Éloi de Corbehem, ex-lieutenant-
général de la sénéchaussée et Henry Thellier
de la Neuville, avocat.

Ce dernier avait été arrêté à Saint-Pol le 21
ventôse (11 mars) avec son père le substitut
et quelques autres notables de la ville. Darthé,
l'un des principaux agents de Le Bon, annonçant cette capture écrivait : « Il n'y a pas un
» de ces coquins-là qui n'ait mérité d'éternuer
» dans la besace » Le crime de l'avocat Thel-

lier de la Neuville fut ainsi défini : « aristocrate bien prononcé dans le principe de la Révolution, allié avec les chefs des aristocrates de Saint-Pol. » Il était en outre accusé d'avoir dit qu'il avait toujours des pistolets et un fusil à deux coups pour les patriotes qui l'insulteraient. Hélas ! pourquoi tous les honnêtes gens de cette époque n'ont-il pas proféré et surtout exécuté pareille menace ?

Quant à Thellier du Courval, un arrêté spécial de Le Bon avait ordonné son arrestation ; il avait émis l'opinion que « la Constitution était le règne des gueux.» On le lui fit bien voir.

Madame de Corbehem, ou pour parler le langage du temps : « la femme Corbehem » arrêtée le 2 août 1793, comme « soupçonnée d'avoir souvent assemblé chez elle des prêtres réfractaires » avait été rendue à la liberté le 19 septembre ; mais elle fut arrêtée de nouveau en mars 1794, et cette fois pour être envoyée à la guillotine, le même jour que son frère. On ne pouvait plus lui pardonner : elle était *soupçonnée* d'avoir été embrasser à la frontière ses deux fils émigrés (1).

Au surplus les prétextes importaient peu, le Tribunal condamnait tous ceux qu'on lui ordonnait de condamner.Or Le Bon et ses agents avaient décidé que toute la famille de M.Thellier de Poncheville périrait. Nous avons vu que

---

1. L'un d'eux fut à Quiberon. V. B. DE CORBEHEM, *Dix ans de ma vie.*

la tante chez laquelle l'ex-échevin s'était un instant réfugié après son évasion, avait été traînée en prison malgré ses quatre-vingt-dix ans, et qu'elle y était morte après onze mois de captivité. En cherchant dans ses souvenirs, Le Bon se rappela deux autres vieillards, bien inoffensifs : Mlle Marie-Anne, la sainte fille vouée aux bonnes œuvres,et Dom Winoc, l'ancien religieux de Clairmarais, que de prétendues lois de liberté avaient arraché mourant à sa pieuse et studieuse retraite. Aussitôt il prit, à la date du 27 germinal, l'arrêté suivant :

« Quelque part que se trouvent M. de Pinchemouche, *M. Winoc, oncle, et Madame Marianne, tante de M. de Poncheville*, lesdits Pinchemouche, Winoc et Marianne seront, à la diligence de l'agent national près le district de Saint-Pol, arrêtés et amenés à Arras avec tous leurs papiers et correspondances. »

Dans sa précipitation, Le Bon, mal renseigné, proscrivait les morts. Deux des victimes désignées par son arrêté avaient déjà cessé de vivre et s'étaient ainsi permis d'échapper à la vengeance nationale. C'est ce que lui apprit la lettre suivante :

« Saint-Pol, 29 germinal 2me année de la République.

» L'agent national près le district de Saint-Pol au représentant du peuple Joseph Lebon.

» Je te fais passer les pièces concernant

quatre individus que j'ai fait conduire à Arras, parmi lesquels se trouve Marie-Anne Thellier, *malheureusement* Pinchemouche et Winoc Thellier *sont morts, car ils n'auraient point échappé* au sort qu'ils méritaient.

» J'espère que ce ne sera pas le dernier que je t'enverrai ; tous les jours on découvre des traîtres ; grâce soit rendu au génie de la liberté qui veille sur la destinée de la France. Encore quelque temps et la République se *(sic)* purgée de tous les monstres qui l'infectoient.

» Salut et fraternité,

DUEZ, agent national.

» P. S. J'ai fait aussi conduire à Arras B... rédacteur de la lettre n° premier, trouvée chez la Thellier. »

Le crime de ce B... était de s'être « recommandé à la charité » de Mlle Marie-Anne et » d'avoir fait les vœux les plus ardents pour » sa conservation. » Le crime de Mlle Marie-Anne était d'avoir reçu la lettre et secouru le solliciteur. Elle ne périt point cependant ; Dieu permit sans doute qu'elle fût oubliée en prison jusqu'au jour où la réaction de Thermidor vînt la délivrer.

M. Thellier de Sars, l'ancien conseiller au Conseil d'Artois, était resté longtemps sans être inquiété. L'extrême bienveillance de son caractère jointe à la modération de ses idées, l'avait rendu populaire. En 1789, il s'était mêlé activement aux assemblées électorales du

Tiers-État et on l'avait nommé, le second sur quarante-neuf, Commissaire pour la rédaction du cahier général de la province ; puis il avait été élu député suppléant aux États-Généraux (1), mandat que d'ailleurs il n'avait pas accepté. Plus tard, au retour d'une mission remplie avec succès à Paris dans l'intérêt de ses concitoyens (2), il avait été nommé Maire par acclamation, mais il avait également refusé.

Lors de la suppression du Conseil d'Artois et de l'établissement des Tribunaux du district, les électeurs lui conférèrent la présidence du Tribunal d'Arras. Car on eut à cette époque la naïveté de faire nommer les juges par les justiciables. C'était sans doute dans une pensée de réaction contre la vénalité des offices ; mais chose curieuse, les cinq juges nommés par le

---

1. Deux membres du Conseil d'Artois furent élus par le Tiers-État, ce furent :

Jacques-Louis-Nicolas Vaillant, Chevalier, Conseiller honoraire et Jean-Joseph-François-Hubert Thellier, Écuyer, Conseiller.

Un autre fut député de la noblesse :

Bon-Albert Briois, Chevalier, Premier Président.

2. Il s'agissait d'obtenir qu'Arras restât chef-lieu du département. Le retour des députés porteurs de la bonne nouvelle est ainsi raconté dans une lettre du temps : « Nous avons éprouvé à notre arrivée l'effet de l'enthousiasme de nos concitoyens : on procédait à l'élection du Maire, M. Thellier a été élu. Mais la crainte de ne pas remplir assez dignement cette place importante, l'ayant engagé à prier de recevoir ses excuses, on a procédé à une nouvelle élection. Le choix est tombé alors sur M. de Sartel, qui n'a pu résister aux vives instances qui lui ont été faites d'accepter. »

peuple en 1790 pour composer le nouveau Tribunal d'Arras, furent tous des conseillers de l'ancien Conseil d'Artois, c'est-à-dire des membres d'un Corps privilégié, devenus magistrats par l'hérédité ou l'achat de leurs charges. Et pourtant il ne manqnait point de candidats, parmi les anciens officiers des autres juridictions, et surtout parmi les nombreux « hommes de loi » en disponibilité.

Entouré du respect de ses concitoyens, porteur d'un certificat de résidence, l'ancien Président du Tribunal du district était encore en liberté le 8 mai 1794, jour où son frère Thellier du Courval et Madame de Corbehem, sa sœur, étaient exécutés à Arras. Mais cela ne pouvait durer plus longtemps ; un homme dont on avait assassiné toute la famille devait tout au moins être suspect de quelques sentiments d'aigreur contre la nation. Dès le lendemain, le Comité de surveillance d'Arras prit ses « sûretés, » et rendit l'arrêté suivant :

» Sur la proposition d'un membre,

» L'assemblée arrète que le nommé Thellier, » ex-conseiller, sa famille et sa nièce, seront » mis en arrestation provisoire et par mesure » de sûreté, et conduits en la maison de l'Hôtel- » Dieu, le scellé mis sur les papiers, nomme » commissaires à cet effet, les citoyens G..... D..... » et B..... »

Sa famille et sa nièce, quelle éloquente dé-

sinvolture ! La famille comprenait, outre
Madame Thellier reconnue coupable d'être
ex-noble, ses cinq enfants : un bambin de douze
ans, et quatre filles dont la plus jeune n'avait
que six ans ; quant à la nièce, c'était une orphe-
line, qui n'en avait pas treize. Sans doute,
c'est par délicatesse et pour ne point la priver
de la surveillance de son tuteur, qu'on l'em-
prisonnait aussi.

Cependant on les sépara : M. Thellier resta
seul avec son fils dans la prison de l'Hôtel-
Dieu ; les femmes furent envoyées à celle de
la Providence. Le *provisoire* dura longtemps,
et c'est grâce à la chute de Robespierre, suivie
de près de celle de Lebon, qu'il ne se changea
pas en une de ces mesures *définitives* comme
celui-ci savait les prendre (1).

---

1. Les deux prisons étaient voisines et les détenus parve-
naient parfois à s'écrire et même à se voir de loin. Voici deux
épaves, précieusement conservées, de cette correspondance
furtive ; ce sont deux billets, écrits quelque temps après la
mort de Robespierre et alors que la délivrance paraissait déjà
certaine.

Le premier est adressé par M. Thellier « à la citoyenne
Thellier, » à la Providence :

« Enfin, ma chère amie, voilà le moment de pouvoir nous
réunir arrivé ! J'espère que ce sera sous huit jours au plus
tard ; quel instant délicieux ! Je vous embrasse, en attendant,
de tout mon cœur, ainsi que *Poulot* qui ne fait que parler du
plaisir de vous embrasser ainsi que ses sœurs. J'ai été surpris
de ne pas vous voir hier à la fenêtre, j'espère que vous n'y
manquerez pas aujourd'hui, c'est toujours une satisfaction pour
moi de vous y apercevoir, ainsi que mes enfants ; ainsi à six
heures du soir. — 25 Thermidor. »

L'autre, datée du 30 Thermidor, est adressée « au citoyen

Les détenus furent enfin rendus à la liberté dans les premiers jours de fructidor (septembre 1794). Deux des enfants avaient failli mourir en prison ; quant à leur père il y avait contracté une maladie qui l'emporta un mois après.

Il fut la onzième victime de son nom !

Je ne veux point terminer ce martyrologe sans y inscrire avec respect deux fidèles serviteurs, dont les têtes tombèrent sur l'échafaud à côté de celles de leurs anciens maîtres,

François Pétain était concierge de la maison d'arrêt de Saint-Pol, au moment de l'évasion de M. Thellier de Poncheville le fils et de son compagnon de captivité. Ancien serviteur du Procureur-Général de la Sénéchaussée, il avait conservé pour le père de son prisonnier et pour tous les siens l'attachement le plus touchant. Nous avons vu cependant par le ré-

Thellier, à l'Hôtel-Dieu, par une des jeunes filles enfermées avec leur mère à la Providence ;

« Mon cher papa. — Voilà deux jours que je vous ai écrit sans que j'eusse de réponse, c'est ce qui me fait présumer que sûrement vous n'avez point reçu mon billet, j'espère être plus heureuse cette fois et qu'il vous parviendra. Nous sommes toutes en bonne santé, excepté Bonne qui se ressent toujours un peu de rhumatisme. J'ai craint que vous ne fussiez incommodé, car j'ai remarqué hier que vous étiez en bonnet de nuit. Il me semble que notre réunion n'est pas justement aussi prompte que nous l'espérions, néanmoins ne perdons pas courage. Toute la famille vous embrasse tendrement ; nous sommes, en attendant de vos nouvelles et celles de *l'oulot*, que nous embrassons également. »

cit du fugitif que celui-ci, ne voulant pas le compromettre, ne le mit point au courant de ses
projets d'évasion et profita de son absence pour
les réaliser. Pétain fut accusé de les avoir favorisés ; mais il démontra que, depuis longtemps,
il avait demandé qu'on fît à la prison des répa-
rations urgentes, et le jury déclara qu'il n'y
avait pas lieu à accusation.

« Malheureusement pour François Pétain, dit
M. Paris, l'un des prisonniers évadés, Thellier
de Poncheville, était membre de cette famille
Thellier contre l'influence de laquelle Darthé
avait lutté si violemment à Saint-Pol, lors des
élections municipales de 1792. Darthé portait à
tous les Thellier et à leurs adhérents une haine
implacable. Par ses ordres, Pétain fut amené
aux Baudets le 7 germinal, avec quatorze
habitants de Saint-Pol et des environs. On ne
trouvait à sa charge que l'évasion de deux
prisonniers, à l'occasion de laquelle il avait été
poursuivi et jugé ; il se croyait donc protégé
par le verdict du jury d'accusation du 2 juillet
1793. Mais Joseph Lebon ne s'embarrassait
pas plus de la chose jugée que des lois d'am-
nistie (1). — Il prit, le 15 germinal, l'arrêté
suivant :

« Le représentant du peuple Joseph le Bon,
étonné, d'après l'examen des pièces, *que François Pétain*, ci-devant concierge de la maison

---

1. Paris, 2e Édit., p 304.

d'arrêt de Saint-Pol, *ait été mis en liberté* sur l'accusation portée contre lui d'avoir volontairement, méchamment et à dessein, fait évader et favorisé l'évasion des nommés Morand et Thellier dit Poncheville, reconnus pour fameux contre-révolutionnaires, le dernier émigré, et le premier suspecté d'émigration ;

» Considérant qu'il résulte de l'interrogatoire qu'il vient de subir, ainsi que celui de Morand, que Pétain est prévenu d'être la cause de l'évasion des deux détenus ;

» Considérant qu'il s'est toujours montré l'ennemi de la Révolution, et a toujours été l'agent des Thellier ;

» *Arrête :*

» *Qu'il sera mis de nouveau en jugement . . .* »

Quatre jours après cet arrêté, Pétain fut condamné et exécuté.

C'était le jour même où l'on condamnait Madame Thellier et sa fille.

Marie Hus, leur ancienne cuisinière, fut envoyée à l'échafaud de Cambrai. Restée fidèle à ses maîtres, elle était par cela même coupable.

« Contre révolutionnaire forcenée, dit le jugement ; ayant correspondu avec les émigrés, et ayant caché les meubles de ces derniers ; (1) de plus, fanatique enragée. » — Les

---

1. Elle avait en effet commis ce crime. « Je ne vous ai pas fait connaître, écrit mon grand-père, la conduite héroïque

notes du juré Jouy ajoutent un autre grief :
« Elle a fait évader Thellier père de la prison
de Saint-Pol. »

*
* *

Il est bon et sain d'évoquer parfois de tels
souvenirs. Non pas qu'ils doivent éveiller des
pensées de haine ou de division : comme les
victimes elles-mêmes, leurs fils ont pardonné,
et le souci de l'avenir de la patrie commune
commande à tous l'oubli du passé.

Mais dans ces actes de nos pères, les uns
peuvent puiser des exemples et des encouragements pour les luttes qui peut-être nous sont
encore réservées, les autres un avertissement
salutaire contre certains entraînements et certaines alliances.

A un autre point de vue, de semblables
récits ont leur intérêt. Dans leur simplicité,
ils renferment une démonstration historique,
et sont la réfutation la plus péremptoire de la
réhabilitation des hommes de la Terreur. Cette
réhabilitation qui naguère eût paru impossible, est aujourd'hui tentée par quelques esprits
dévoyés et amoureux du paradoxe. Mais le
procédé qu'ils emploient, et qui consiste à

de notre cuisinière ; cette brave fille, la nuit de mon arrestation, sauva tous mes effets ; ne pouvant emporter une commode, elle en détacha les tiroirs.

» Lorsque mon père fut arrêté, elle ne voulut point quitter
la maison, pour veiller à nos intérêts ; elle cacha tout ce qu'elle
put et résista aux sollicitations, aux promesses et aux menaces. »

n'étudier les traits de ces tristes héros que
dans leurs déclamations « vertueuses » cesse
d'être spécieux et ne résiste pas un seul instant, si à ces figures imaginaires, on peut oppo-
ser le personnage vrai recomposé par l'étude
sérieuse et fidèle de ses actes.

*
* *

Cette longue et sanglante parenthèse nous
a éloignés un instant du récit de mon grand-
père. Nous l'avons laissé à son arrivée dans les
prisons de Douai, c'est là que nous allons le
retrouver.

VI. — LES PRISONS DE DOUAI.
— LE PROCÈS. ◦-◦-◦-◦-◦-◦-◦-◦-◦-◦

« Nous passâmes les deux premières nuits sur la paille. M. Midy, (gendre de M. Morel, l'un de nos échevins), et d'autres, firent des démarches, et il nous fut permis, pour notre argent, de faire venir des matelas.

» Nous étions quarante sans compter les rats et les souris qui, pendant la nuit, venaient jouer sur nos modestes couchettes et vivre à nos dépens. Une nuit, M. Martinache, vieillard respectable, se lève un instant ; en cherchant son lit à tâtons, il passe près de celui de M. Podevin dont il rencontre la figure. M. Podevin, ancien chevalier de Saint-Louis, né sur les bords de la Garonne, s'éveille en sursaut, saisit M. Martinache par un pied, et crie : « Zé lé tiens cé coquin dé rat ; pour lé coup il » né m'éçappéra pas ! »

»... Et pan.. et pan !.. Et le pauvre Martinache de se débattre et de crier : « C'est moi, c'est moi ! »... de se débarrasser avec peine, d'aller tomber sur un lit voisin. L'alarme est au camp, on demande ce qu'il y a, M. Podevin de répondre : « Lé coquin, zé lé ténais ; il m'a éçappé ! » — « Qui donc ? » — Un gros rat qui m'a passé sur la figure ! » — Il en était tellement persuadé que le lendemain il doutait du rapport de M. Martinache. M. Midy vint à notre secours et nous délivra de ces compagnons incommodes.

» Nos surveillants s'adoucirent ; on mit une porte à notre chambre qui donnait sur les latrines, on mit des vitres à nos croisées, et l'on nous fit même un plancher. Nous pûmes faire venir à manger du traiteur, et nous étions aussi heureux qu'on pouvait l'être dans notre position. On nous passait en revue deux fois par jour. On nous avait recommandé de dire : *Citoyen* et de tutoyer ; arrive le Commissaire de la prison que connaissait M. Morel ; celui-ci s'avance et dit : « Bonjour *citoyen* Pilate ; c'est vous donc ? Et comment se porte *Madame* Pilate ? » L'ex-constituant fronce le sourcil, procède gravement à l'appel et se retire.

» Nous fîmes des règlements de police, nous formâmes des tables séparées. Je m'étais attaché plus particulièrement à trois vieillards qui avaient mille attentions pour moi : l'un d'eux me faisait provision de croûtons, M. Morel partageait avec moi le café que M. Midy lui envoyait, l'autre me fabriquait un jeu d'échecs.

» On ne nous interrogeait point. Nos Messieurs me prièrent de présenter une requête au Tribunal Révolutionnaire ; je m'y refusai : j'avais vu dans les journaux que je m'étais procurés, que le seul fait d'acceptation de fonctions publiques pendant l'invasion devait être puni de mort, et je ne crus point le moment favorable. L'un de nos Messieurs se fâcha et me dit : « Vous voulez nous laisser pourrir ici !

» Nous ne sommes point émigrés comme vous,
» nous n'avons rien à craindre. »

» L'accusateur public (1) vint nous visiter ;
on m'avait recommandé de me défier de lui.
Nous l'entourons, il nous dit : « Vous m'êtes
» dénoncés comme des fanatiques ; on vous a
» vus prier, on assure que vous faites maigre le
» vendredi et le samedi. » Je lui demandai si,
sous le règne de la liberté, il n'était point permis de servir Dieu à sa manière ; il parut
surpris de la question, et me répondit : « Je ne
» dis pas que ce soit un crime ; je voulais seu-
» lement vous avertir qu'il y a ici des dénoncia-
» teurs qui cherchent à vous nuire. » Il y avait
en effet dans la même prison trois patriotes de
Valenciennes avec qui nous n'avions point
voulu fraterniser.

» Voyant qu'il s'humanisait, je lui dis :
« Citoyen, mes compagnons me sollicitent
» pour adresser au Tribunal une requête ten-
» dant à être mis en jugement ; je crois que le
» moment n'est point favorable, et qu'il est
» prudent d'attendre que la *question intention-*
» *nelle* soit rétablie. » Il me dit : « Vous avez
» raison ; vos compagnons sont las de vivre.
» Cependant vous pourriez jeter un mémoire
» dans le public pour dissiper les préventions. »
— « J'y travaille, lui dis-je. » Je me sentais
encouragé ; je lui demandai un moment d'en-
tretien particulier, et je lui dis : « La confiance

1. Ranson.

» que tu viens de m'inspirer m'engage à m'ou-
» vrir à toi. Je ne crains rien pour avoir rempli
» des fonctions publiques à Valenciennes :
» nous avons fait le bien, et sous un Gouver-
» nement qui a détruit le régime de la Terreur,
» on ne peut nous faire un crime d'avoir sauvé
» nos concitoyens du joug militaire, dont nous
» étions menacés si nous n'avions consenti à
» remplacer le Magistrat qui avait pris la fuite.
» Mais ce que je dois craindre, c'est d'être
» dénoncé — et peut-être le suis-je déjà, —
» pour m'être réfugié à Valenciennes. »

» Je lui raconte sommairement ma première
arrestation, mon évasion des prisons, les
malheurs de ma famille, et je termine ainsi:
« Je suis seul sur la terre ; j'ai perdu les auteurs
» de mes jours, et j'espère que tu m'en tiendras
» lieu. » — « Je n'abuserai point de ta con-
» fiance, » fut sa réponse ; et il tint parole.

» Je fis un mémoire justificatif pour mes
collègues, ils en furent enchantés, le firent imprimer et répandre partout. Pour me remercier,
ils me firent payer ma part des frais d'impression, au grand chagrin de mes trois vieillards
qui leur reprochèrent leur ingratitude ; ils vou-
lurent alors me rembourser, et je refusai.

» L'un des vieillards, mon pourvoyeur de
croûtons, me courtisait comme une maîtresse ;
on devinait pourquoi, et je ne m'en doutais pas.
Il m'avait bien dit « qu'il ne regarderait pas à
» la fortune et que s'il trouvait pour sa fille un
» gendre tel qu'il le désirait, il ferait tous les

» sacrifices possibles ; » mais il ne m'était pas venu à l'esprit qu'il avait des vues sur moi...

» Un jour *elle* arrive dans la prison, j'écrivais ; tout le monde s'empresse autour d'elle, je reste à ma table ; on se regarde, on se parle à l'oreille. Le père la prend par la main, vient à moi et me demande la permission de me la présenter ; je me lève, je la salue respectueusement, et supposant qu'elle a besoin de s'entretenir avec son père, je me remets à écrire. J'ai su après que notre vieux chevalier de Saint-Louis avait demandé si j'étais de bois. »

*   *
*

Le lecteur, lui, ne s'étonnera pas outre mesure de cette impassibilité, s'il veut bien se rappeler un incident qui a marqué la fin du séjour de notre jeune *Conseiller-Pensionnaire* à Valenciennes.

Un roman honnête était né dans un sourire mêlé de larmes, au moment où il montait dans la charrette qui devait l'emmener à Douai ; et ce roman s'est continué en prison. Des aveux, puis des engagements ont été échangés dans une correspondance touchante, et ce proscrit que l'échafaud menace encore est un fiancé qui rêve d'amour et de bonheur partagé.

Une sœur de sa mère est la confidente de la joie dont déborde ce cœur qui paraît de « bois » à ses compagnons d'infortune. Il lui écrit : .

« J'ai la certitude d'être tendrement aimé,

malgré l'état d'abjection où je me trouve ; la vertu malheureuse a trouvé un cœur assez sensible, assez noble, pour choisir cet instant d'humiliation, et ce que la modestie lui a fait cacher dans des temps de prospérité, elle vient de le manifester dans un moment où rien ne l'obligeait à me payer de retour. »

Et il trace ce portrait de sa fiancée :

« Elle a 21 à 22 ans, d'une taille ordinaire, mais bien faite ; sans être une beauté, elle est de la figure la plus intéressante, très pieuse; d'une douceur extrême et très sensible ; elle a perdu ses père et mère et demeure avec une sœur, vertueuse épouse du jeune magistrat mon compagnon d'infortune ; elle paraît avoir reçu la plus belle éducation. Qu'il me tarde de vous la faire connaître ! »

En regard de cette vie nouvelle qui s'ouvre devant lui, le prisonnier fait avec une fermeté héroïquement chrétienne, un retour sur les tristes souvenirs d'un passé récent et sur les dangers qui l'environnent encore :

« J'ai, écrit-il dans la même lettre, la plus grande résignation aux volontés de Dieu , persuadé que tout ce qui m'arrive n'est que pour sa gloire et un plus grand bien.

» Les pertes multipliées que j'ai faites ne m'ont point accablé; après avoir payé le tribut à la nature, j'ai béni l'Être suprême et me suis réjoui du bonheur céleste de mes vertueux parents ; et si, comme j'ai tout lieu de le croire, le Seigneur ne voulait que je restasse encore sur cette terre d'exil, je brûlerais de me réunir à eux.

» Vous sentez qu'avec ces sentiments qui ont toujours fait ma consolation, les derniers événements ne m'ont que faiblement affecté. »

*
* *

Ceci nous ramène à la suite de son récit :

« Quelques-uns de nos Messieurs s'imaginèrent qu'en affichant le *patriotisme*, ils obtiendraient leur liberté avant nous ; ils s'affublèrent du bonnet de la liberté, sollicitèrent et obtinrent une autre chambre où ils reçurent les trois patriotes, et firent gras les jours d'abstinence. Ils choisirent aussi un défenseur; mais lorsque le jour fut pris pour notre interrrogatoire, ils vinrent me demander conseil. Je leur dictai leur thème : « On vous demandera pour- » quoi vous avez accepté des fonctions publi- » ques; comme on vous y a contraints, vous ré- » pondrez qu'on vous a forcés en vous mena- » çant de la bastonnade ou de l'exil ; vous » rendrez compte du bien que vous avez fait, » du mal que vous avez empêché. » J'ai vu ensuite par mon interrogatoire qu'ils avaient perdu la tête.

« Mon tour vient :

» Demande. — Pourquoi es-tu détenu ?

» Réponse. — Je l'ignore, on n'a point daigné encore m'en informer depuis deux mois que je suis ici, quoique d'après la loi j'aurais dû être interrogé dans les vingt-quatre heures.

» D. — Tu as accepté des fonctions publiques sous le tyran d'Allemagne ?

» R. — J'ai été Conseiller-Pensionnaire du Magistrat *forcé* de Valenciennes.

» D. — Ce mot *forcé* est ici inutile; on ne l'écrira point.

» R. — J'en juge autrement, et je tiens fortement à ce qu'il soit écrit.

» D. — Tes co-accusés n'ont pas dit cela.

» R. — Ils avaient sans doute perdu la tête, puisqu'ils n'ont cédé qu'à la force.

» D. — Je ne puis faire écrire une réponse contraire à la leur.

» R. — Citoyen, je crois avoir le droit de l'exiger ; c'est un moyen de défense dont tu ne peux pas me priver ; ce ne serait plus mon interrogatoire, et je ne le signerais point.

— » Allons, dit le greffier, écris puisqu'il le veut.

» D. — Qui nommes-tu pour ton défenseur?

» R. — Habitué à défendre les autres, je me défendrai bien moi-même.

» D. — La loi veut que tu en nommes un, ou que je le nomme d'office.

» R. — Ce sera à condition qu'il ne parlera point. »

« En rentrant, je demandai à ces messieurs pourquoi ils n'avaient point fait mettre le mot *forcé ;* ils me répondirent que le Président n'avait point voulu. Je leur reprochai leur peu d'énergie, et leur dis que j'avais réparé autant que possible le tort qu'ils s'étaient fait.

» Dès que j'appris qu'on avait rétabli la question intentionnelle, je proposai à ces messieurs de présenter une pétition au Tribunal Révolutionnaire pour solliciter notre mise en jugement ; je leur lus mon projet qu'ils ne trouvèrent pas assez humble : « Vous m'accusiez, leur
» dis-je, de ne penser qu'à moi et de chercher,
» pour me sauver, à prolonger votre captivité,
» et maintenant que je vous propose d'aller
» en avant, parce que le moment est favorable,
» vous tremblez ! Signez avec moi ou je signe
» seul : le coupable seul doit tenir un langage
» rampant, et je ne changerai pas un mot à
» mon projet. Vous n'avez rien à craindre, le
» danger est passé pour vous ; il n'existe plus
» que pour moi. » Ils se déterminèrent à signer.

« Je m'occupai ensuite de mon projet de défense qui les intrigua beaucoup. Ils croyaient que je travaillais pour moi seul et à leur préjudice, parce que je refusais de leur communiquer mon travail : « Vous le connaîtrez à l'audience, » leur dis-je. Ils voulaient me rendre l'argent du mémoire justificatif, me donner des honoraires pour mon nouvau travail qu'ils offraient de faire imprimer à leur frais ; ils ne purent rien gagner. Les plus saisis étaient ceux qui avaient fait schisme ; ils prirent des avocats qui demandèrent à conférer avec moi, je m'y refusai. Les autres paraissaient plus confiants ; M. Morel, leur disait : « Soyez sans inquiétude,
» je le connais, il ne cherchera pas à se disculper à vos dépens. »

*
* *

« Le 16 décembre 1794, nous paraissons au Tribunal, au nombre de quarante-quatre ; la séance commençait à huit heures du soir. M. Morel priait pour moi ; j'étais calme, et lorsqu'un accusé répondait mal, je demandais la parole, j'expliquais les faits ou les interprétais en sa faveur. Jamais les juges ne m'interrompirent.

» Après la plaidoirie de l'accusateur public, je pris la parole ; ceux de mes collègues qui me soupçonnaient tremblaient de peur. Voici mon exorde :

» Il est donc venu, ce jour si désiré où je
» puis parler à mes juges avec cette confiance
» que leur humanité m'inspire, et ce calme
» que donne l'assentiment d'une conscience
» sans reproche !

» Maintenant que la liberté n'est plus cou-
» verte du crêpe funèbre tissé par la main
» sanglante de l'infâme Robespierre, que les
» jours de terreur et de deuil ont disparu du
» sol qui avait vu naître cet audacieux et per-
» fide tribun... qu'il est doux pour l'innocent
» de faire entendre les accents de sa voix à
» des juges intègres ! C'est un accusé qui parle,
» et à ce titre j'ose réclamer votre attention ;
» je m'efforcerai de la mériter par ma sin-
» cérité.

» Ce n'est pas seulement ma défense que je
» vais entreprendre ; c'est aussi celle de mes

» compagnons d'infortune qui, depuis près de
» quatre mois, gémissent privés de leur liberté,
» loin de leurs foyers, de leurs femmes et de
» leurs enfants : l'honneur et la justice m'en
» font un devoir impérieux. Eh! pourquoi
» craindrais-je de rendre hommage à la vé-
» rité.... de compromettre ma frêle existence,
» lorsqu'il s'agit d'assurer celle d'un grand
» nombre de commerçants, utiles à leur patrie
» et à leurs familles éplorées, qui les rede-
» mandent à grands cris ?

   » Personne plus que moi n'a participé à
» l'administration dont une autorité militaire
» nous a chargés de gré ou de force. C'est
» donc à moi à vous rendre compte de la con-
» duite que nous avons tenue dans ces derniers
» moments de crise qui ont précédé la red-
» dition d'une cité malheureuse, encore fu-
» mante du sang de ses habitants.. »

*
* *

   « Suivent les faits. Je fis voir que mes col-
» lègues n'avaient pas eu la liberté de refuser;
» et je défendis ainsi M. Dubois, aujourd'hui
» mon beau-frère :
   » Le citoyen Dubois, dont le commandant
» avait aussi rejeté l'excuse, était sorti chez
» lui le désespoir dans le cœur, il voulait fuir ;
» il me consulte, je veux le retenir, mais il
» n'est plus en état de m'écouter.
   » Il part ! Son épouse éplorée tente en vain
» de l'arrêter ; elle lui parle de l'enfant

» auquel elle va bientôt donner le jour ; elle
» fait parler l'amour et la nature : ses cris
» sont impuissants.... rien ne touche Dubois.
» Déjà il est aux portes ; sa femme s'atta-
» che à ses pas, sa tendresse lui donne des
» ailes..... Elle le rejoint.... elle le prie..... elle
» conjure... Des larmes coulent de ses yeux...
» Dubois hésite... Elle se précipite dans ses
» bras... l'amour et la nature triomphent..
» l'époux, attendri, cède, revient et entre mal-
» gré lui dans le Magistrat !

» Ce citoyen est devenu père depuis sa dé-
» tention ; son épouse vient de donner un en-
» fant à la Patrie ; si ce jeune innocent pou-
» vait parler, il lèverait ses faibles mains vers
» vous pour vous demander l'auteur de ses
» jours, qui brûle de le serrer contre son cœur
» paternel. »

*
* *

« Ici des pleurs se font entendre et m'inter-
rompent ; c'était Dubois qui ne pouvait plus y
tenir. Après m'être remis, je reprends :

« Dubois n'est point coupable, il n'a jamais
» fait que le bien ; hâtez-vous donc de termi-
» ner ses malheurs ! Sauvez-le, sauvez tous
» mes collègues pour qui je ferais volontiers
» le sacrifice de mes jours...... Ils sont tous inno-
» cents : c'est ce que je vais prouver .   .   .   .

.   .   .   .

« Tout en m'occupant de la défense du
Magistrat, je ne m'oubliais point. Après avoir

énuméré le bien qu'il avait fait, les services qu'il avait rendus à plusieurs habitants, je m'adresse à l'un des témoins et lui dis :

« Et toi, brave Monneuse, tu n'a pas attendu
» que la justice t'interpellât, pour reconnaître
» que j'avais sauvé tes jours en volant à ta
» défense, et en me précipitant au-devant des
» coups de sabre qui t'étaient destinés.

« Ta reconnaissance t'a fait devancer l'aveu
» touchant que tu as fait à cette audience ;
» tes pleurs ont coulé en voyant ton libéra-
» teur dans les fers. L'accusateur public, après
» t'avoir entendu, après avoir lu la déclaration
» de tes voisins, témoins oculaires du fait, n'a
» pu lui-même s'empêcher d'applaudir à mon
» courage.

» Vous avez vu cette déclaration, citoyens
» juges ; voilà mon certificat de civisme ! » —
(On avait demandé des certificats de civisme.)
— « Puis-je encore craindre pour ma liberté
» après avoir conservé à la patrie un citoyen
» qui n'a pas cessé de bien mériter d'elle ?

» Mes concitoyens ont tremblé pour moi ;
» cinq fois ils ont vu l'arme meurtrière des
» dragons de La Tour levée sur ma tête... C'en
» était fait de ma vie, si l'Être Suprême ne
» l'avait protégée.

» A Rome, cette action n'eût pas été sans
» récompense..... Nation généreuse, voudrais-
» tu te montrer moins grande que la Répu-
» blique Romaine ! Non, tu honores le courage

» partout où tu le trouves, tu l'as placé au rang
» des vertus, tu en as fait un point de ta Cons-
» titution ; tu n'y porteras point atteinte pour
» me punir.

» Mon jeune frère, le seul qui me reste d'une
» famille nombreuse, le seul qui ait échappé au
» fer assassin du cruel Lebon, combat sous tes
» drapeaux ; il n'a plus que moi sur la terre,
» il sait que je respire, que je ne puis lui tenir
» lieu du père qu'il a perdu, tu ne lui raviras
» point cette dernière consolation !

» Pense que j'étais l'objet des persécutions
» de Robespierre et de Lebon, qui ne purent me
» pardonner d'avoir démasqué leur scélératesse
» dans un temps où l'on payait de sa tête le
» droit imprescriptible de dire la vérité.

» Si ces monstres dont la haine m'honore, si
» ces monstres qui avaient juré ma perte et celle
» ma famille qu'ils ont immolée à leur fureur,
» si ces monstres, dis-je, respiraient encore, ils
» applaudiraient à ma condamnation. »

*
* *

« Je parlai ensuite des humiliations dont on
nous avait abreuvés sur la route ; je fis l'éloge des
habitants de Douai qui se montrèrent humains,
sensibles ; je justifiai les actes de notre administration, et, m'adressant enfin à mes compagnons de captivité, je me vengeai ainsi de
leurs soupçons :

« Chers compagnons d'infortune, vous avez
» vu le glaive de la loi levé sur vous ; rassurez-

» vous, vos fers vont tomber ! Habitants de
» Valenciennes (les tribunes en étaient rem-
» plies), tendres épouses, parents, amis qui
» m'écoutez, cessez, cessez de craindre.

» La voix des législateurs s'est fait entendre
» jusque dans nos prisons, elle a retenti dans
» nos âmes ; nos juges l'ont aussi entendue, ils
» y ont été sensibles.... Rassurez-vous donc :
» épurés au creuset de la justice régénérée,
» ceux sur qui vous avez pleuré vont reparaître
» au milieu de vous !

» Bientôt, bientôt vous les verrez se préci-
» piter dans vos bras et partager avec vous les
» douceurs de la liberté, qu'ils n'ont instan-
» tanément perdue que pour avoir préparé la
» vôtre... Calmez vos alarmes, ouvrez vos cœurs
» à la joie... Pouvaient-ils succomber, ceux qui
» vous sont si chers !.... ceux qui n'avaient
» jamais été occupés que de votre félicité !....

» S'il avaient fait le mal, j'eusse dit à mes
» juges : « C'est moi, oui c'est moi qui le leur
» ai suggéré, puisque j'étais à la tête de l'admi-
» nistration et la dirigeais , je suis le seul cou-
» pable, frappez.... mais ne frappez que moi....
» contentez-vous d'une victime... je me dévoue,
» me voici... Heureux en périssant de pouvoir
» donner encore à mes concitoyens cette faible
» marque de ma reconnaissance, de mon estime
» et de mon amour ! »

*
* *

» Les avocats nommés d'office déclarèrent

qu'ils n'avaient rien à ajouter à notre défense, et qu'ils craindraient d'affaiblir mes moyens. Les jurés se retirèrent pour délibérer, et on nous renferma dans une chambre obscure, dont on vint nous retirer successivement pour nous faire entendre la terrible déclaration.

« Ire *Question* : Est-il constant qu'un tel ait accepté des fonctions publiques pendant l'invasion ?

» *Réponse :* Oui, le fait est constant.

» 2me *Question:* Est-il constant qu'il ait eu des intentions contre-révolutionnaires ?

» *Réponse :* Non, le fait n'est pas constant.

» En conséquence, le tribunal ordonna notre mise en liberté. »

***

« Il était huit heures du soir, mon souper était prêt, mon lit était fait : je retournai me coucher à la prison avec M. Morel qui ne voulut pas me quitter. Le lendemain matin, nous nous rendîmes chez M. Midy son gendre, qui nous reçut à bras ouverts. »

***

La lettre suivante, écrite au sortir de l'audience, nous peint brièvement mais au vif, les émotions de la victoire. Elle est adressée à une tante maternelle de M. Thellier, que la Terreur avait épargnée:

« Ce 27 frimaire 3e année républicaine (1)
dix heures du soir.

» Ma très chère tante,

» Que d'actions de grâce nous devons à
l'Être Suprême ! Je viens de quitter la salle de
justice au milieu des plus vifs applaudissements;
tous les spectateurs et mes collègues ont
pleuré à mon plaidoyer, j'ai été acquitté par
acclamation, après un éloge pompeux de ma
conduite par l'accusateur public.

» Je me réserve les détails, ils seraient trop
longs en ce moment précieux ; j'ai mon visage usé à force d'embrassades ; je vais rassurer ma chère, ma digne J...., envoyez-moi de
suite la voiture ou un cheval. Ne me faites pas
languir, je brûle d'être dans vos bras. »

---

1. 17 décembre 1794.

VII. — VOYAGE D'UN ÉMIGRÉ A PARIS. — L'ARRÊTÉ DE LA CONVENTION.

« Je n'étais pas hors de danger; on pouvait m'arrêter comme émigré, il fallait prendre un parti.

» J'allai trouver l'accusateur public pour le remercier de l'intérêt qu'il m'avait témoigné; il me demanda mon dessein je lui répondis : « De partir pour Paris, d'exposer mes malheurs a la Convention qu'on assure être revenue à des principes de justice, et de lui demander ma radiation de la liste de proscription. » — « J'approuve ton » dessein, me dit-il, il est digne de toi; reviens » demain, je te donnerai une lettre pour le Pré- » sident du comité du salut public. » — Ce Président était Merlin de Douai.

« J'obtiens un passeport à la Mairie, et je me rends à Arras où je crois descendre chez un de mes cousins-germains, ancien conseiller. Il était mort en sortant de prison; son frère et sa sœur mère de huit enfants, avaient péri; sa veuve me reçoit non sans trembler : elle sortait de prison avec ses cinq enfants (1).

» Il me fallut aller au comité révolutionnaire pour faire viser mon passeport.

---

1. Voir plus haut, Chap. V.

» Le lendemain je reçus un exprès de M. Dubois, qui me mandait que le Conventionnel Lacoste, en mission à Valenciennes, informé que j'étais émigré, avait donné l'ordre de m'arrêter pour me faire fusiller. Je ne pouvais rétrograder, les Pays-Bas, la Hollande étaient envahis. Je ne dis rien à ma cousine; je me rendis chez l'Accusateur Public, que je trouvai au milieu des bonnets rouges. — J'en étais connu, il appartenait à une des premières familles d'Arras : « Te voilà, me dit-il, as-tu bien couru » le monde? Que disent nos coquins d'émigrés? » Ils enragent sans doute d'avoir quitté le sol » de la patrie. — As-tu quelque chose à me » dire ? »

» Ce début n'était pas très rassurant, cependant je lui témoignai le désir de l'entretenir en particulier; il me conduisit dans une autre place et là, il me dit : « Pardon, quel langage il faut » tenir au milieu de tous ces coquins ! comment » se porte le curé de Marchiennes, le chanoine » Gosse, mon frère, etc. ? » (1)

1. Ce personnage était M. Gosse de Gorre, qui fut plus tard Président de Chambre à la Cour de Douai. De la même famille que le curé de Marchiennes qu'on a vu figurer dans ce récit, il était, comme lui, proche parent de M. Thellier de Poncheville.

M. Gosse devait, quelque temps après, sauver par son énergique résistance, la vie des *Naufragés de Calais* (novembre 1795), que le Directoire voulait fusiller comme émigrés pris les armes à la main. — Nommé aux fonctions d'accusateur public de département du Pas-de-Calais après la chute de Robespierre et de Le Bon, il eut l'honneur d'être destitué lors de la réaction Jacobine du 18 fructidor.

» Je le satisfais; il m'apprend que, pendant
ma détention, son collègue de Douai lui avait
demandé des renseignements sur mon compte
et qu'il ne m'avait pas desservi ; je le remercie.

» Que vas-tu faire maintenant, où vas-tu?»
— Je lui fais part du nouveau danger qui me
menace, de mon projet d'aller à Paris ; il me
répond : « Je n'ai point encore reçu l'ordre de
» te faire arrêter. Pars demain ; si l'ordre arrive
» je le garde et ne les remets à la gendar-
» merie que vingt-quatre heures après ton
» départ. » Je retourne chez ma cousine, je lui
fais mes adieux, et vais coucher chez un ami
qui va retenir une voiture pour le lendemain
aux portes ouvrantes.

» C'était une berline ; nous étions au mois
de décembre, il faisait très froid, ce fut un
motif pour faire baisser tous les stores. Nous pre-
nons la route de Doullens où je n'arrivai pas
sans aventures....

*
* *

» A une demi-heure de cette ville, je me
sens cahoté d'une manière extraordinaire ; je
lève les stores devant, plus de cocher ! La
voiture descendait une montagne, les chevaux
allaient ventre à terre, tantôt à droite, tantôt
à gauche; tout à coup je me trouve la tête en
bas, les pieds en haut, puis me voilà jeté de
côté, je roule, je roule avec chevaux et voiture,
sans trop prévoir le dénouement. Une secousse

violente à laquelle succéda le repos, m'avertit que tout était consommé. J'ignorais où j'étais ; je veux ouvrir la portière, j'éprouve de la résistance ; j'examine, elle était contre terre.

» Je me glisse comme je puis en rampant, me voilà sorti ; je vois la berline renversée et brisée, un cheval écrasé sous le brancard et l'autre courant à travers champs ; mais je n'aperçois plus de chemin, j'avais été précipité dans une *creuse*. J'avais une contusion à la tête et j'éprouvais une douleur au pied. Ce n'était qu'une entorse ; je grimpe comme je puis et je gagne le chemin, où je vois mon cocher, les bras croisés, qui attendait la fin de l'événement.

» Je termine avec lui, non sans lui avoir fait des reproches ; je prends mes effets et je gagne Doullens clopin clopant. J'aperçois une voiture, je crie au cocher d'arrêter ; c'était une diligence qui allait à Amiens ; je demande s'il y a place ; sur la réponse affirmative, je monte et je continue mon voyage en assez mauvaise compagnie.

» Un gros homme bourgeonné m'examinait attentivement ; il me questionne, je raconte l'accident qui venait de m'arriver. Je ne m'étais point vu au miroir ; il me dit : « A ta figure » décolorée, je te prenais pour un évadé des » prisons. »

» Il nous entretient ensuite de la guillotine ; c'était selon lui la plus belle invention. Des pendus avaient été rendus à la vie, jamais des guillotinés.

» Je reviens, continua-t-il, d'en expédier soixante-treize à Valenciennes ; je réponds d'eux. »

» Je jette les yeux sur un jeune homme en face de moi, je le vois pâlir, je lui dis : « Rassurez-vous, votre tête est encore sur vos épaules. » La suite de la conversation nous apprit que le gros homme était le bourreau de Cambrai ; il avait guillotiné deux de mes frères !....

» Une mégère, qui était dans la diligence, parla des nombreuses exécutions d'Arras. Elle nous dit que ce qui l'avait fait le plus enrager c'était une petite aristocrate fieffée de Saint-Pol, qui avait crié qu'elle mourait pour son Dieu et pour son Roi ; que, pour la punir, on l'avait fait descendre pour guillotiner avant elle sa mère qui était au pied de l'échafaud attendant son tour, et à qui elle dit : « Du » courage ! maman, dans un moment nous » serons réunies dans le sein de la Divinité. »

» Je frissonne encore en écrivant ceci : cette mère, c'était la mienne, cette fille courageuse était ma sœur !

» Arrivé la nuit à Amiens, je demande s'il n'y a point d'autre voiture pour Paris ; on me répond qu'il y en a une, mais qu'elle est au côté opposé de la ville. — « Peu m'importe, dis-je, fût-elle encore plus loin ! » Je me sauve, me rends à l'endroit indiqué ; c'était une auberge, je m'y loge,

je retiens ma place. Et le lendemain je pars
pour Paris, où nous arrivons sans accident à huit
heures du soir, à la place des Victoires.

» Il pleuvait, je ne voulais pas être connu, je
m'embarque seul avec mon paquet pour me
rendre au marché aux chevaux distant d'une
lieue. J'arrive à dix heures, bien mouillé et me
voilà chez un ami qui me donne l'hospitalité.

» Je ne perds pas de temps ; j'écris au Président du Comité du Salut public en lui adressant
la lettre de l'accusateur public de Douai, et je
lui demande audience. Il me répond. « Viens
» demain au Comité à dix heures, je serai
visible pour toi. »

» Je me rendis au redoutable Comité ; la lettre
de l'accusateur avait fait son effet, le Président
parut prendre intérêt à mon sort : il me dit qu'il
serait difficile de faire rendre une loi en ma
faveur, que les esprits étaient encore trop exal-
tés; que je devais me borner à présenter une
pétition tendant à faire examiner la question
particulière qui me concernait, par les trois
comités de Salut public, de Sûreté générale et
de Législation, qu'il l'appuierait et deman-
derait que ces trois Comités fussent investis
du droit de me juger. Je suivis son conseil
et un décret conforme fut rendu.

» Il me fallut une permission du Comité de
Sûreté générale pour résider à Paris ; je par-
vins à l'obtenir pour un mois, et après ce temps
je la fis renouveler.

» Je fis connaissance avec des religieuses

hospitalières, qui tous les samedis recevaient chez elles un prêtre, qui leur disait la messe le dimanche. N'osant se fier à personne, l'une d'elles servait la messe; je leur inspirai assez de confiance pour être admis, et dès ce moment le missionnaire leur déclara qu'elles ne pouvaient plus servir sa messe; de sorte que j'eus cet avantage pendant tout le temps de mon séjour à Paris.

» Le Président du comité de Salut public fut envoyé en mission à Valenciennes; on avait brisé les scellés de mon appartement, et l'on avait trouvé dans la tapisserie de l'alcôve de mon lit mes adresses des catholiques de St-Pol, ma profession de foi et le certificat de Louis XVIII, qui lui furent remis.

» M. Dubois, qui ne savait rien, fut le trouver, sachant qu'il s'était intéressé à moi, et lui demanda si j'avais l'espoir d'obtenir justice. Le représentant prenant un air sévère lui dit : « Mais j'ignorais alors que c'était un contre-révolutionnaire, un protégé de Louis XVIII. » M. Dubois sortit sans répliquer, m'écrivit que mes papiers étaient découverts, et me conseilla de me mettre en sûreté.

» Cela était aisé à dire et non à exécuter. — Après y avoir réfléchi, j'allai à confesse et, après avoir exposé le cas, je demandai à mon missionnaire si je pouvais rester à Paris.

» Demande. — Est-ce votre intention ?

» Réponse. — Oui.

» D. — N'êtes-vous point mû par le désespoir ?

» R. — Non.

» D. — Avez-vous quelque espoir d'échapper à la mort ?

» R. — Oui.

» — Vous pouvez rester sans vous rendre
coupable, mais à votre place je fuirais. »

« Je reste, je vais trouver mon rapporteur
je lui demande s'il a terminé mon affaire. » —
« Oui, ton cas est la guillotine. » — « Je serai
le quatorzième de ma famille. » — « Je ne te
dis pas cela pour t'effrayer. » — « Je demande
justice et je l'attends ici »...

» Je sors, je rencontre un malheureux que
l'on conduisait au supplice, je suis la fatale
charrette ; je demande quel est le crime de la
victime, on me dit qu'il est condamné pour
fabrication de fausse monnaie. Je vais voir
l'instrument que je ne connaissais pas, et je
rentre chez moi bien déterminé à attendre
l'événement.

» De jour en jour, la Convention adoucissait
sa législation, elle avait rappelé ses députés
mis hors la loi, on criait : à bas les Jacobins,
on avait exhumé les restes impurs de l'infâme
Marat et on les avait jetés dans l'égout de
Montmartre. On ne m'arrêtait pas, et j'en
augurais que le président du Comité de Salut
public ne voulait point ma mort, mais peut-
être aussi attendait-il son retour à Paris pour

dénoncer la fameuse découverte de mes papiers.

» Déterminé à attendre l'événement, je ne
me confiais qu'à mon directeur.

» Étant un jour chez le député Personne,
de Saint-Omer, il me dit : « Merlin est arrivé
» de Valenciennes, il va faire le rapport de sa
» mission ; veux-tu venir à la séance ? Je t'y
» introduirai. »

» J'eus le courage d'accepter ; il me conduit
à la Convention, et me place dans l'enceinte.
Arrive Merlin avec une farde de papiers. Il
monte à la tribune, je n'étais pas tranquille ;
il prend des lunettes, je me rassure en me
disant: « Il a la vue basse, il ne me reconnaîtra
pas. » Mais pour plus de sûreté, je me mets
derrière un pilier.

» Merlin commence son rapport, parle longuement de la *queue* de Robespierre, des ter-
roristes qui semblaient s'être réfugiés à Valenciennes ; et ne dit pas un mot du contre-révolutionnaire Thellier, ce qui me met grandement
à l'aise. J'augure de son silence qu'il ne veut
pas me perdre, je retourne paisiblement chez
moi, rue du Faubourg-Saint-Jacques, et en
montant l'escalier, j'aperçois deux gendarmes...

» Je me range pour les laisser passer, ils me
regardent et descendent sans me parler, ce qui
me surprend assez agréablement, m'étant ima-
giné en les apercevant que j'étais l'objet de
leur visite.

» Le lendemain et jours suivants, même

apparition ; je vais trouver mon hôte et lui témoigne ma surprise : « Vous ne savez donc » pas, me dit-il, que depuis huit jours, ils » logent dans la chambre qui tient à la vôtre ? » » — « Non, je ne m'en étais point aperçu, » fut ma réponse.

» Me voilà donc gardé à vue, et cependant je ne suis pas consigné ; on me laisse la liberté de sortir, peut-être épie-t-on mes démarches, a-t-on visité ma chambre.

» Je pris mon parti, je restai et ne changeai rien à mon plan de vie. Les jours gras, je dînais chez mon hôte ou chez un restaurateur, et les jours maigres dans ma chambre. Le dimanche, je continuai à aller chez mes bonnes religieuses hospitalières servir la messe du missionnaire, qui s'y rendait la veille au soir.

» Presque tous mes persécuteurs de Saint-Pol avaient été arrêtés et transférés à Paris ; je rencontrais quelquefois leurs femmes que je faisais semblant de ne pas voir, et qui devaient être bien étonnées de me trouver à Paris. »

***

Parmi ces femmes se trouvait sans doute celle de l'un des jurés du sanglant tribunal de Joseph Le Bon, Miennée, ex-maire de Saint-Pol, en ce moment sous les verrous à Paris. J'ai sous les yeux une lettre qu'il écrivait de sa prison à la citoyenne Miennée, le 18 messidor ; elle en contient une autre : *Pour le citoyen Poncheville.* Ce ci-devant pourvoyeur du bourreau demande aide et assistance à une de ses victimes, encore proscrite elle-même !

Le terroriste muselé est amusant à entendre. Il demande à son concitoyen, de faire une démarche en sa faveur auprès de son rapporteur le réprésentant Deleloi :

« Si vous voulez m'obliger, écrit-il, vous lui
» direz que vous me connaissez et que vous
» savez bien que je n'étais point un meneur
» ny un intrigant, que quand je pouvais, je
» rendais service, et que d'ailleurs *je suis bien*
» *aise de la Révolution du 9 Thermidor*, c'est-à-
» dire du règne des loys et de la justice et certes
» vous direz la vérité. Vous pourriez ajouter
» que ceux qui nous dénoncent sont des gens
» de rien, chargés de tous les crimes... »

La conclusion de Miennée ne manque pas de bon sens pratique :

«... Une fois que je serais libre, je me mo-
» querais bien de la Révolution, en voilà assez
» pour ma part ! »

*
* *

« On faisait alors le procès d'Herman qui, étant juge à Saint-Pol, avait voté mon exclusion du barreau, et celui de Lanne, son complice, qui avait enfoncé les portes de la maison de mon père pour m'arrêter. Ils furent condamnés à mort et exécutés en place de Grève ;

un ami me proposa d'aller les voir : je lui dis
que je ne voulais point ajouter à l'horreur de
leurs derniers moments. Ils n'avaient point le
secours de la religion ; quelle fin !

» Pendant mon séjour à Paris, il y eut plusieurs conspirations pour ramener le régime de
la Terreur (1) ; les forcenés arrêtaient tous ceux
qu'ils rencontraient, et les forçaient de marcher
avec eux. Je faillis un jour être entraîné dans
la rue de la Harpe ; mes jambes firent leur
office, et l'on ne put dire qu'un émigré était à
la tête du rassemblement.

» On fit quelques concessions aux factieux ;
on enjoignit aux étrangers de quitter Paris, et
à tous ceux qui sollicitaient leur radiation de se
rendre au lieu de leur naissance, pour y rester
en surveillance.

» Je rencontre le maire de Saint-Pol qui
était un prêtre apostat marié ; il me reconnaît
et m'aborde : « Je vous rencontre à propos, me
» dit-il, on fait le procès-verbal de nos Jaco-
» bins ; il nous faut des témoins, je vais vous
» indiquer au citoyen Delcroix, rapporteur.

» Le conventionnel me fait appeler et me
demande ma déclaration. Je lui dis que les
détenus m'ont fait trop de mal pour en dire
du bien, que je suis récusable ; et je le prie
de me permettre de garder le silence. Il insiste:
« Je ne puis parler, lui dis-je, j'ai promis de
» pardonner au tribunal de la pénitence. » Il

---

1. Journées des 1er et 12 germinal et 1er prairial, an III.

fit un mouvement de surprise, et répondit :
« Ta déposition sera secrète. » Je lui répliquai
que ce serait toujours violer ma promesse.

» Il me demanda si je connaissais Duflos
(prêtre apostat marié, notre ancien intrus). Sur
ma réponse affirmative, il me dit : « Il est juge
» à Saint-Pol ; le Comité de la Législation
» dont je suis membre, se propose de le desti-
» tuer ; veux-tu le remplacer ? » — « Impos-
» sible, lui dis-je. » — « Quel diable es-tu ?
» tu ne peux déposer contre tes ennemis, tu
» ne peux être juge ; explique toi ! » — « Je
» suis mort civilement, ainsi je ne puis rem-
» plir de fonctions publiques. »

» Je lui rends compte succinctement de mon
affaire ; je lui retrace les malheurs de ma
famille, et lui dis que, depuis huit mois, je sollicite inutilement un terme aux miens. Il me
demande le nom de mon rapporteur, et me
dit : « Prends courage, retourne chez toi, je me
charge de ton affaire. »

» Dès le soir même, il parle à mon rapporteur, qui ne trouve point mon cas graciable ;
il lui demande les pièces, fait le rapport, et le
Comité de Législation est d'avis de ma radiation.

» Il dit à mon rapporteur : « Fais rédiger
» l'arrêté ; porte-le aux Comités de Sûreté
» générale et de Salut public pour y être
» approuvé ; et reviens. »

» J'étais allé dans l'antichambre du Comité
à onze heures du soir (ces Messieurs ne se

réunissaient que la nuit), et j'en étais sorti à minuit. Le lendemain, j'appris que Delcroix avait demandé après moi.

» Je me rends chez lui ; il me dit que mon affaire avait passé aux Comités de Législation et de Sûreté générale ; mais qu'au Comité de Salut public on avait soustrait le projet de radiation, et que mon rapporteur ne voulait plus s'en mêler. Il ajoute qu'il a conservé la minute du projet et qu'il ira le présenter lui-même au Comité de Salut public. Je n'avais plus que quarante-huit heures à rester à Paris, il y avait urgence ; je le lui dis, il me promet ne pas perdre de temps....

» Delcroix fait recommencer mon arrêté de radiation, et obtient de nouveau l'approbation des Comités de Législation et de Sûreté générale ; il le présente ensuite au Comité de Salut public, et expose mon affaire.

» Le redoutable Merlin, Président, lui demande d'un ton sévère s'il connaît celui pour qui il s'intéresse ; sur sa réponse négative, il lui dit en parlant de moi : « C'est un contre-révolutionnaire, un protégé de Louis XVIII. » Un membre, Bailleul, demande à Delcroix ce qu'il a à répondre :

« Tout ce que je sais, dit celui-ci, c'est qu'il » a pu se venger de ses persécuteurs, et qu'il » a refusé de déposer contre eux ; c'est qu'il » a perdu treize membres de sa famille. »

» Bailleul reprend : « Il y aurait de la barbarie à ajouter une victime à tant d'autres. » Il

prend la plume, signe mon arrêté, la présente
ensuite à Merlin, et lui dit : « Fais comme moi,
m.... ; » et Merlin signe.

» Je cours chez Delcroix ; il me dit en me
voyant : « Tu ne m'avais pas dit que tu étais
» un contre-révolutionnaire, un protégé de
» Louis XVIII ; je viens de l'apprendre de
» Merlin! » Il sonne, un domestique se présente,
il lui parle à l'oreille, le domestique se retire.

» Mon député se promenait dans la place et
le pauvre patient, debout, attendait la fin de
cette nouvelle crise.

» Le domestique rentre, tenant une bouteille
et deux verres qu'il pose sur la table, et dis-
paraît. Delcroix prend la bouteille, emplit les
deux verres d'une liqueur blanche, m'en présente un, s'arme de l'autre, et me dit : « Allons,
» bois à ma santé ; tes malheurs sont finis, sois
» aussi heureux que tu le mérites. » Je prends
le verre et j'avale la liqueur, qui était de bon
vin blanc.

» Je lui témoigne ma reconnaissance, et le
prie d'achever son ouvrage, en me procurant
une expédition de mon arrêté de radiation,
sans retard, parce que le lendemain était le jour
fatal, où tous les émigrés non rayés devaient
quitter Paris. « Demain à neuf heures, me dit-
» il, rends-toi au Comité de Législation ; ton
» arrêté sera prêt, on te le remettra. »

» Je le quitte, je vais prendre congé de mes
amis, je prépare mon paquet, j'achète trois
petits pains au Palais-Royal, de crainte d'en

manquer en route (nous étions réduits à deux
onces depuis quinze jours) ; et le lendemain à
l'heure indiquée, je me rends au Comité de
Législation, où un employé me remet un arrêté
qui mérite de trouver place dans l'histoire,
tant il est extraordinaire, surtout eu égard aux
signataires.

En voici quelques extraits :

« Séance publique du 18 Thermidor, l'an 3e
» de la République Française (1).

» Les Comités réunis de Législation, Salut
» public et de Sûreté générale, en vertu de
» l'autorisation qui leur a été donnée par le
» décret de la Convention nationale du 20
» Pluviôse dernier, etc.

» Vu............etc......................

» Considérant que d'après les pièces et les
» faits ci-dessus relatés, on ne peut élever
» aucun doute sur les persécutions qu'a éprou-
» vées le citoyen Thellier, que la tyrannie qui
» a pesé si longtemps sur toute la République,
» l'a atteint particulièrement ; que les princi-
» paux oppresseurs de la France, outre la pros·
» cription générale des hommes de mérite,
» *avaient à exercer contre lui des vengeances*
» *particulières, que lui avaient attirées une*
» *ancienne rivalité d'état, et supériorité des*
» *talens :* qu'il ne lui restait plus d'autres
» ressources que la fuite pour éviter la mort

---

1. 5 août 1795.

» dont il eût nécessairement été frappé, puis-
» que par suite de la haine et de la vengeance
» de Robespierre et Lebas à son égard, presque
» toute sa famille avait péri victime de leur
» fureur.

   » Considérant qu'à la vérité le décret du 22
» Germinal n'est applicable qu'aux citoyens
» qui ont été persécutés par suite des événe-
» ments des 31 mai, 1er et 2 juin 1793, et que
» le citoyen Thellier avait pris la fuite anté-
» rieurement à cette époque, que cependant on
» n'en pourrait tirer une induction qui lui serait
» défavorable, car ces horribles journées avaient
» été préparées par les mêmes tyrans, *dont il*
» *était lui-même l'ennemi personnel, et qui exer-*
» *çaient contre lui leur haine particulière ;* que
» cette persécution se manifestait dans toute
» sa force dès le 10 mars 1793, époque où l'ins-
» titution des Jurés fut abolie, que le citoyen
» Thellier en éprouvait déjà les cruels effets,
» puisqu'il fut arrêté le 19 mars suivant, qu'il
» se trouvait dès lors dans la même classe que
» les citoyens persécutés depuis le 31 mai, que
» la différence existe dans la dénomination
» des mots inventés par la tyrannie pour aug-
» menter le nombre des victimes, mais qu'il
» n'en était pas moins *personnellement désigné*
» *par le tyran*, parce qu'il en était alors plus
» connu ; qu'on ne peut donc sans injustice le
» ranger dans la classe des émigrés, puisque
» malgré la différence des époques, le genre de
» persécutions était le même, les oppresseurs

» étaient les mêmes et les motifs de la fuite
» absolument semblables.

« Considérant...... que la Convention, en
» renvoyant à ses trois Comités de Législation,
» Salut public et Sûreté générale, la pétition
» du citoyen Thellier les a investis du pouvoir
» de prononcer définitivement sur le fait qui
» lui est particulier...................

» ARRÊTENT que le nom du citoyen Jean-
» Baptiste-Bernard Thellier, sera définitive-
» ment rayé de toutes listes d'émigrés où il
» aurait pu être inscrit........ etc.

» Les Membres du Comité de Législation,
» de Salut public et de Sûreté générale.

« *Laplaigne*, président, *Génissieu, Girot-Pouzol,*
Personne, Soulignac, Savary, Vigneron, Pépin,
Masse, Delahaye, Pons (de Verdun), *Delecloy,*
Lomont, Rover, Bailly, Kervelegan, Bergoeng,
Rabaut, Gauthier, Perin, Jean Debry, Delau-
nay, Calès, Guyomar, Gamon, Bailleul, Le-
tourneur et *Merlin* (de Douay).

» Muni de cette pièce, je retourne à mon
logement, faubourg Saint-Jacques. C'était au
mois de juillet, il faisait très chaud ; je prends
mon paquet, et je me hâte de sortir pédestre-
ment de Paris ; il me semblait que je ne serais
libre que hors des barrières.

» .... Le sac sur le dos, j'arrive à la fin de la journée, à une lieue de Chantilly ; j'entre dans une auberge, et je demande à loger, on me répond : « Volontiers » mais qu'on ne peut m'offrir que de la viande sans pain, pour souper. J'étais bien inspiré lorsqu'en partant de Paris, j'avais acheté trois pains de deux livres chacun.

» Le lendemain, arrivé à Creil, je demande à dîner : « Avez-vous du pain ? » — « Oui. » — « Entrez. »

» J'entre, et tandis qu'on me préparait à manger, arrive un Parisien ; au moins fut-il pris pour tel par l'aubergiste. Il veut parler en maître : « Il me faut à dîner de suite. » — « Je n'ai rien à manger, dit l'hôte. » Le Parisien sort ; l'hôte ouvre une armoire, me montre un pain et me dit : « Vous voyez que j'ai en- » core du pain ; mais ce n'est pas pour ces co- » quins de Parisiens qui nous affament. » — Je lui réponds : « Savez-vous à qui vous par- » lez ? Si moi-même j'étais parisien ? » — « Je » connais mon monde, j'ai bien vu que vous » n'étiez pas de ces gueux-là. »

» Jusqu'à Amiens, je ne trouvai point un morceau de pain ; mais dans cette ville, j'en vis chez les boulangers. Il m'en restait, et je savais d'ailleurs où en trouver.

» J'avais appris que Mlle de Béthune, dont le père avait été incarcéré avec le mien et avait péri à Arras, avait épousé M. Morgan, avocat. Je me présentai chez elle dans mon chétif accoutrement ; elle me reconnut, et ne voulut point me laisser sortir. Mes aventures furent le sujet de la conversation ; nous parlâmes du célèbre Le Bon qu'on jugeait en ce moment à Amiens, et qui avait fait assassiner le comte de Béthune.

» Le lendemain matin, je me mis en route pour Arras, où j'arrivai le surlendemain chez ma cousine, qui me dit qu'elle n'espérait plus me revoir.

» Une de mes tantes qui avait échappé au massacre de ma famille et qui habitait Béthune, avertie de mon arrivée, vint me chercher et me conduisit chez elle. Elle était ma marraine ; elle ne démentit pas ce titre, et me tint lieu de mère.

» Je me trouvais dans l'abondance ; je pensai à la disette de Paris, au député mon libérateur ; j'achetai le plus beau jambon que je pus trouver dans le pays, je le lui envoyai ; il voulut bien l'accepter.

» Valenciennes était encore sous le régime de la Terreur ; je ne pouvais me rendre auprès de celle que Dieu me réservait pour compagne. Mais les beaux-parents de sa sœur, Madame Dubois, avaient leur habitation au milieu de la forêt de Mormal ; les deux sœurs s'y rendirent, et M. Dubois vint me prendre à Béthune, pour me conduire auprès d'elles.

» Nous prîmes jour pour notre mariage, je retournai à Béthune ; mon bel-oncle, âgé de quatre-vingts ans, ayant fait arranger un chariot rempli de bottes de paille sur le derrière, y monta avec moi ; et conduits par le brave Manessier que j'avais fait venir, nous prîmes le chemin de Valenciennes.

» Ma future et ses parents étaient venus au-devant de nous. Avant d'arriver, on me cacha dans les bottes de paille ; et c'est ainsi que l'ancien Conseiller-Pensionnaire fit son entrée triomphale.

» Un prêtre nous attendait ; le lendemain nous reçûmes la bénédiction nuptiale (1), et nous partîmes pour Béthune.

» Ma tante, pendant ce voyage, avait réuni tous ses enfants autour d'elle, ainsi qu'une autre tante qui me restait à Saint-Pol (2), et qui sortait des prisons ; je me trouvai en arrivant au milieu des débris de ma famille, avec une épouse qui lui devint bientôt aussi chère que moi.

» Il manquait mon jeune frère, il ne tarda pas à arriver ; et pendant quelques années, on me laissa vivre en paix. »

1. Le 30 septembre 1795. Parmi les lettres de félicitations que l'ex-émigré reçut à cette occasion, j'en ai trouvé une d'un des membres de la Convention dont la signature figure au bas de son arrêté de radiation, Delecloy.

Elle donne une curieuse idée du style des législateurs de ce temps-là.

« J'apprend, citoien, avec le plus vif intérêt, votre union à » la citoienne Fournier ; votre aimable compagne va embellir » des jours que le malheur vous avait rendu odieux ; c'est le » sort de la vertûe, qui tot ou tard reparait avec l'éclat que le » crime obscurcit. Il n'a que le bruyant de l'éclair...»

2. Mlle Marie-Anne.

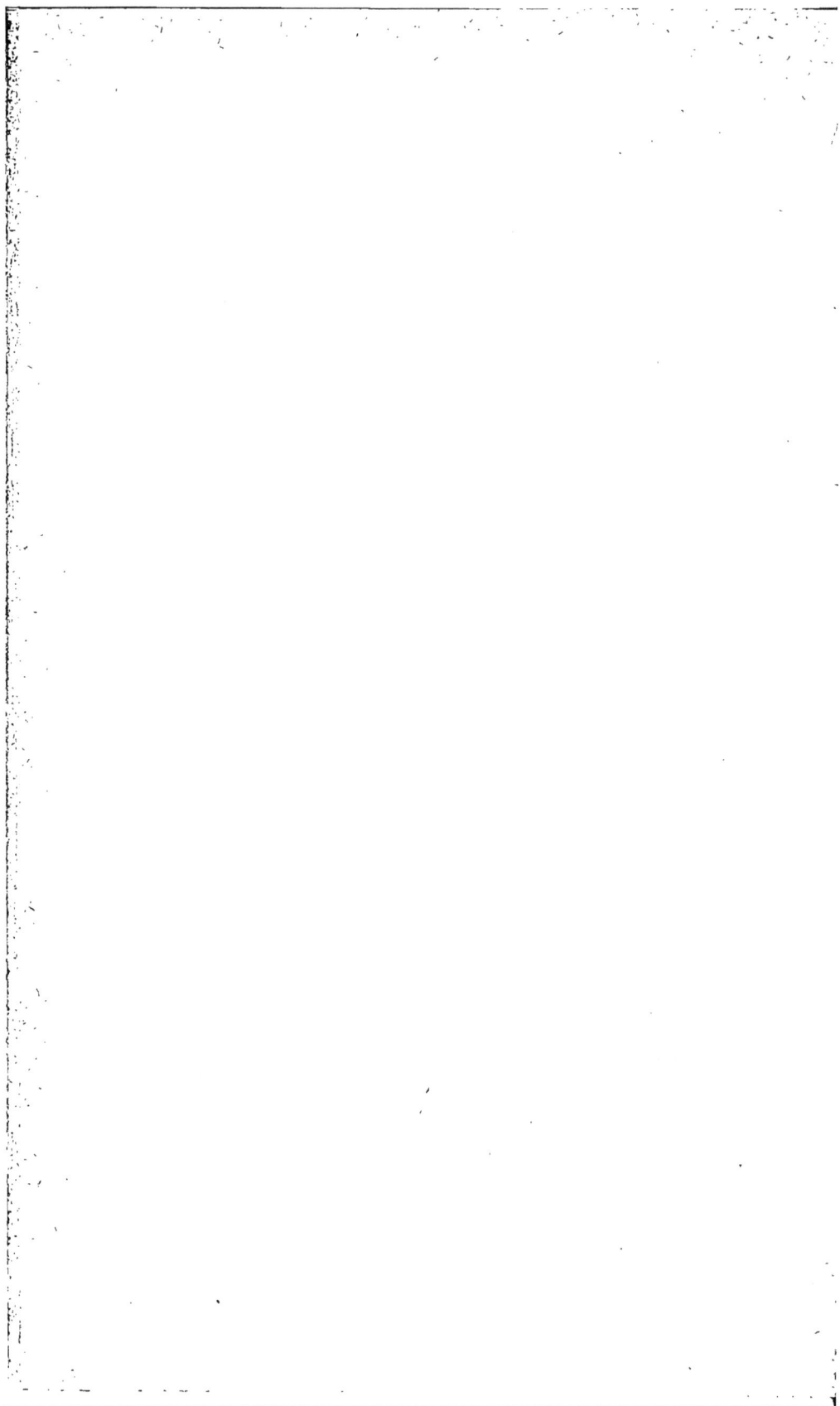

UN MAGISTRAT

D'AUTREFOIS.

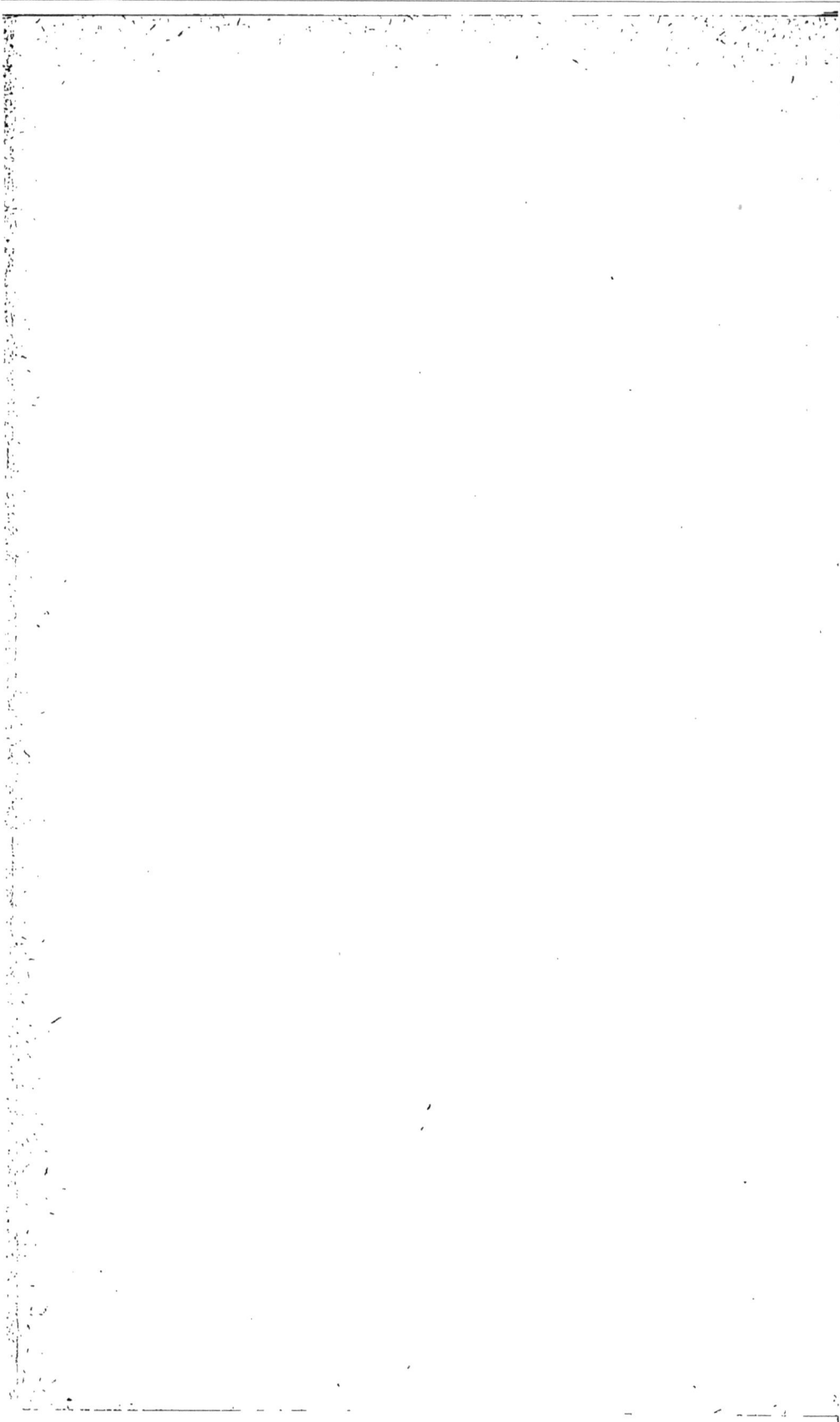

UN MAGISTRAT
D'AUTREFOIS. 1795-1837

I.

E proscrit a enfin recouvré le droit de respirer sur ce sol de la patrie qui buvait hier le sang de ses parents ; mais les biens de sa famille restent confisqués. « La République, écrit-il, jouit de nos revenus (1). » Il faut donc demander au travail le moyen de vivre. La voie du jeune avocat est d'ailleurs toute tracée. Il n'y a plus de barreau en l'an

---

1. De pauvres gens furent plus scrupuleux que la République:

« Deux de mes habits sont trouvés sur la route d'Arras par une pauvre femme ; elle les reconnaît, les conserve et me les restitue. Notre cuisinière avait sauvé ma bibliothèque chez un avocat de mes amis ; il est mort avant mon retour et ses héritiers se la sont appropriée. Quel contraste !

» Un confesseur m'a remis une montre, un autre deux matelas ; quelques petites restitutions m'ont encore été faites. Un particulier que je ne soupçonnais point se trouvait hors d'état de me restituer le cabriolet de mon père; il s'est accusé, nous avons crié quitte. Je voudrais que tous ceux qui sont dans le même cas se libérassent de la même manière ; cela viendra peut-être. Ce me serait un sujet de joie puisqu'ils se seraient convertis. »

III, mais il reste des plaideurs et, à côté des plaideurs, des hommes de loi, des défenseurs officieux ; il sera *homme de loi*. C'est à Douai qu'il se fixe ; sans doute, avec le souvenir des amitiés précieuses contractées pendant sa détention, le voisinage du Tribunal criminel du Département l'attire dans cette ville. Thermidor n'a pas clos l'ère des proscriptions. Il y a plus d'un infortuné que sa parole peut contribuer à sauver de la prison, de la déportation, peut-être de la mort. C'est une tâche à laquelle il ne manque pas : « Je me livrai à la profes- » sion d'avocat, écrivait-il plus tard en rappe- » lant cette époque de sa vie, et je défendis les » prêtres et les émigrés. »

Mais les causes civiles sollicitent aussi son talent et assurent son indépendance. «Mon ca- » binet va assez bien, ce qui me procure les » moyens de vivre. Dieu a pitié de ses enfants ; » que deviendrions-nous sans sa protection ? » (18 ventôse an VIII). » Il prépare d'ailleurs avec une conscience extrême la défense des in- térêtsde ses clients ; suivant l'usage du temps, les plaidoiries sont écrites par avance ; la ré- plique même est indiquée par des notes très complètes, très ornées de mouvements ora- toires. Je ne voudrais pas recommander à mes confrères du barreau « moderne » ces procédés vieillis de nos anciens, mais peut-être sommes- nous trop portés à tomber dans un excès con- traire. Nous sommes bien loin de ces harangues qui sentaient l'huile ! Nous plaidons à la vapeur et au téléphone, et je ne sais si la justice y gagne. La préparation de la forme aide plus qu'on ne le pense à celle du fond ; et je ne crois pas d'ailleurs que celui-ci soit moins solide pour être revêtu d'un français passable.

Mais voici un autre exemple qui est de tous les temps : celui du respect de la vérité dans la défense du client. Sollicité de plaider la cause de plusieurs accusés, M. Thellier s'en était chargé à la condition qu'ils lui auraient avoué la vérité et permis de la dire aux juges. Ils l'avaient promis, mais au premier interrogatoire ils nièrent tout. Devant ce manque de parole, l'avocat leur retira son concours et laissa la place à des défenseurs d'office. Le fait est par lui raconté, avec cette réflexion, au bas du plaidoyer qu'il avait préparé : « Il serait à » désirer que mes confrères suivissent cet » exemple. Ils ne prostitueraient pas leur » plume au mensonge, à l'imposture; ils ne » déshonoreraient pas la plus belle et la plus » noble des professions ; les juges habitués à » leur entendre dire la vérité, sûrs alors de leur » intégrité, cesseraient d'être en garde contre » eux ; le crime ne resterait pas impuni, l'in- » justice ne serait pas si souvent couronnée et » l'innocence serait sauvée. »

La leçon a le tort de se présenter sous une forme emphatique, mais osera-t-on dire qu'elle serait toujours superflue ?

Certains avocats, que la discipline de l'ordre incommode, regrettent le temps des *Défenseurs officieux* et voudraient nous y ramener. Je trouve, parmi les dossiers de mon grand-père, un joli trait de cet âge d'or. Il y avait à Douai, en l'an Ve de la République Française une et indivisible, un subtitut près les Tribunaux qui cumulait avec sa fonction publique, la profession privée de défenseur officieux. Celle-ci était libre ! Et notre substitut ne s'en cachait pas ; il pratiquait le cumul au grand jour. C'est sur le papier même du Parquet qu'il correspondait avec ses clients, ce qui lui permettait de faire apparaître à la fois ses deux qualités, par une heureuse combinaison d'additions manuscrites avec la formule imprimée : « R............., substitut » du *Le Commissaire du Directoire exécutif* » *près les Tribunaux civil et criminel du Dépar-* » *du Nord*, et défenseur officieux ». Comment ne pas confier ses affaires à un homme si bien posé près des juges ? C'est à coup sûr ce que la suppression de la corporation des avocats et la liberté de la défense pouvaient produire de plus parfait.

Mais la perfection n'est pas de ce monde. R.... n'avait pas toujours l'heur de satisfaire ses clients. Absorbé sans doute par ses fonctions de substitut, il oubliait parfois de les défendre. Il arriva un jour que, chargé d'un dossier contre un débiteur, il perdit ce dossier. Inquiétudes, puis colère du client, qui avait versé *neuf francs* à son défenseur et ne voulait perdre ni son argent ni ses pièces. Il vint à Douai, « fit » le diable à quatre », et n'obtint du citoyen substitut que des réponses évasives. Force lui fut donc de l'assigner en restitution de pièces; mais l'embarras était de trouver un homme de loi qui voulût bien s'en charger : il s'agissait de poursuivre un magistrat devant son propre tribunal ! M. Thellier accepta, mais il confesse dans sa plaidoirie que ce ne fut pas sans hési- tation : « J'avoue, dit-il, que j'eus d'abord la » faiblesse de m'y refuser; je dis faiblesse, parce » que c'en est une pour un homme de loi de » refuser par des considérations pusillanimes » de prêter son ministère au faible contre » l'homme puissant. »

Ce qui advint de l'affaire, peu importe ; je reste sur ce mot qui aide à connaître l'homme.

***

Les occupations professionnelles du défen- seur officieux ne l'absorbaient pas tellement qu'il ne pût consacrer un peu de temps à la défense de ses convictions politiques et reli- gieuses. Comme jadis l'*Ami du Roi*, la *Quoti- dienne* reçut plus d'une fois ses confidences et ses protestations toujours énergiques. En voici une du 12 brumaire an V, dont il a pris soin de conserver le texte. La pièce est un peu lon- gue, mais curieuse à plus d'un titre :

« *Qui diligit proximum legem implebit.* » (Rom. chap. XIII.)

MONSIEUR LE RÉDACTEUR,

« L'auteur de l'*Éclair* (1) gémit dans les fers
» pour s'être rendu l'écho de l'indignation pu-
» blique.... et le plus éhonté calomniateur siège
» encore au milieu du corps législatif ! Dans
» quel pays vivons-nous donc ? Je n'ai point
» d'expressions assez fortes pour vous rendre
» ce que j'ai éprouvé en lisant l'affreux dis-
» cours prononcé par Gossuin (2), à la séance
» du 9 de ce mois, contre les prêtres catholi-
» ques. Un assassinat se commet, dit-on, contre
» le représentant Bollet ; et Gossuin a l'impu-
» dence de l'attribuer aux ministres fidèles de
» notre divine religion ! ces infortunés, du fond
» de leurs cachots, lui ont plongé le poignard
» dans le sein !

» Malheureux Gossuin ! tu en as imposé au
» conseil des Cinq-Cents, tu as menti à ta
» conscience : ce crime, s'il a été commis, est
» l'ouvrage de ceux que tu as démoralisés en
» leur ôtant ces mêmes ministres que tu ca-
» lomnies et qui, par leurs touchantes exhor-
» tations, retenaient autrefois la main de
» l'homicide.

» Ce sont ces mêmes ministres (je leur dois
» ici cet aveu solennel longtemps comprimé
» dans mon cœur) oui, ce sont eux qui, à ma

---

1. On sait que le journal l'*Éclair*, fondé en l'an IV par Pierre, fut fructidorisé en l'an V. Ses rédacteurs, Bertin de Vaux et Neuville, furent déportés.

2. Député du Nord, à la Convention puis aux Cinq-Cents.

» sortie des cachots, m'ont fait promettre de
» pardonner à mes assassins, aux bourreaux
» de mes père et mère, de mes frères et sœur,
» de mes parents et amis, sous le régime Dé-
» cemviral.

» Ce sont eux qui m'ont fait jurer au tribu-
» nal de la pénitence de ne jamais chercher à
» me venger, et de rendre le bien pour le mal.

» Et tu voudrais rejeter sur eux un attentat
» qu'ils eussent empêché au péril de leur
» vie !... Insensé, pénètre dans ces antres sou-
» terrrains où ils sont amoncelés; vois, écoute,
» ils lèvent les mains au Ciel, ils le prient, ils
» le conjurent avec ardeur de te faire grâce.
» C'est ainsi qu'ils se vengent de leurs per-
» sécuteurs.

» Si tes vœux imprudents étaient exaucés,
» si nous cessions de suivre les conseils de ces
» martyrs de la foi, c'est alors que tu devrais
» trembler pour tes jours.....

» Cesse donc d'outrager la vertu malheureu-
» se, de chercher à resserrer les fers que le
» crime osa lui donner.

» Apprends, apprends que la religion est le
» seul frein qui puisse imposer aux hommes
» et rétablir la paix et la concorde dans ce
» vaste empire........ »

*
* *

Cette lettre était signée ; elle produisit, paraît-il, une certaine impression dans le département, et Gossuin dont le mandat arrivait à

terme l'année suivante (1), lui dut en partie de n'être pas réélu.

Mais de telles habitudes de langage n'étaient pas faites pour plaire à tout le monde. Les agents du Directoire, pas plus que leurs maîtres, n'aimaient les voix courageuses et indépendantes ; dans les départements comme à Paris, ils s'appliquaient à les faire taire, en s'inspirant quand besoin était des procédés de fructidor. Leur zèle redoubla au moment des élections de l'an VI ; M. Thellier reçut à cette occasion la communication suivante :

« Lille, le 29 ventôse an VI.

» Le Directoire exécutif de la République » Française, fortement déterminé à frapper » d'anathème et de déportation les infâmes » partisans du Royalisme et du fanatisme, et » voulant prévenir tous les moyens que ces » monstres tenteraient encore de commettre » aux élections prochaines, s'est déjà fait donner par ses commissaires près les administrations et par les commissaires de police de » chaque commune, les renseignements sur » ceux qui, comme toi, se sont montrés les » partisans de la Royauté et du fanatisme, » et tu y as été indiqué comme anti-révolutionnaire. Je te préviens que si tu as le » malheur de bouger d'un pas, tu seras tellement surveillé que je ferai lancer contre

1. Lors du renouvellement par tiers.

» toi, par le gouvernement, la déportation
» d'Outre-Mer ; prends garde de ne pas en croi-
» re *l'Argus du département du Nord.*

CHAPE. »

Ce ne fut qu'une menace, mais sans doute
elle ne resta pas tout à fait isolée et *l'Argus
du Nord* n'était pas sans crédit, car un an plus
tard, le 18 ventôse an VII, M. Thellier écrivait :
« J'ai encore essuyé bien des tracasseries ; » il
ajoutait : « On se lasse de me persécuter, et je
» suis maintenant tranquille. »

*
* *

On était à la veille de brumaire..... Je n'ai
pas à juger ici les événements de cette époque :
je n'écris pas un livre d'histoire, et ne fais que
recueillir un témoignage contemporain. Force
m'est donc de reconnaître que la fin violente
du Directoire et des deux Conseils n'excita ni
indignation ni regrets dans le milieu d'honnêtes
gens où vivait notre homme de loi. Hélas !
ce sont justement les honnêtes gens que mena-
çaient les derniers actes de ce pouvoir souve-
rainement méprisable ; et n'avait-il pas donné
tout le premier le plus audacieux exemple de
la violation de la loi ? Écoutez donc comme on
salue sa mort :

« Paris, 27 brumaire, an VIII.

» Tout Paris, mon cher Thellier, continue
» d'être dans l'ivresse de la joie. Le gouver-

» nement, la République n'ont plus d'ennemis
» que les monstres féroces et sanguinaires qui
» voulaient anéantir l'un et déchirer l'autre
» pour continuer de s'en approprier les lam-
» beaux. Ceux qu'on se plaisait à persécuter
» comme ennemis secrets de la République ne
» prononcent qu'avec admiration et reconnais-
» sance les noms des Consuls et de tous ceux
» qui ont aidé Bonaparte et Siéyès dans leurs
» grands et généreux desseins ; ils volent à
» l'immortalité de la véritable gloire et ils
» assurent le bonheur de la grande famille.

» .... La loi sur les otages est rapportée,
» ainsi que celle sur l'emprunt forcé ; tout
» s'embellit, tout va s'améliorer..... »

Qui écrit cela ? Est-ce un complice de Bonaparte ? Est-ce un tenant de l'ancien régime, un
royaliste échappé des prisons ? Non. C'est un
républicain sincère mais honnête, un ancien
accusateur public près le Tribunal criminel du
département du Nord ; c'est Ranson, celui-là
même qui avait porté la parole dans le procès
du *Magistrat forcé* de Valenciennes et qui, au
lendemain de l'acquittement dont il s'était
d'ailleurs réjoui était devenu l'ami de son adversaire de la veille.

Ranson était bien l'écho de l'opinion
courante à Paris ; mais dans les Départements,
le coup d'État rencontre çà et là des résistances. Je dois d'ailleurs constater que les
Jacobins, c'est-à-dire les pires ennemis de la

liberté, furent l'âme de cette résistance. Voici ce qu'au sujet du Nord, l'ancien accusateur public écrit à son ami : « J'espère bien que la Jaco-
» binière du pays que vous habitez sera bientôt
» paralysée et que les meneurs seront mis
» dans l'état de nullité qui leur convient ; j'ai
» appris que l'administration du département
» n'avait pas voulu consigner dans ses registres
» les lois relatives aux événements des journées
» des 18 et 19 brumaire, ni en ordonner l'en-
» voi aux communes de son ressort ; si cela est
» elle sera punie. »

Puis il s'efforce de faire partager son enthou-siasme à son correspondant, dont le royalisme s'inquiète peut-être :

« Avouez-le cet homme est bien grand ; il
» est aussi bien adroit : rien ne lui échappe.
» Quelle journée que celle du 18 brumaire !
» ... Allez-vous-en, dit-il, puisque vous ne
» savez pas gouverner. Législateurs, gouver-
» nants, il abat tout, et seul, il établit en un
» jour un nouvel ordre de choses, en paralysant
» les monstres qui voulaient de nouveau nous
» dévorer. »

Mais Bonaparte songe à coordonner ce « nouvel ordre de choses » : les institutions judiciaires comme tout le reste vont être réor-ganisées (1). Ranson occupe au ministère de la justice une situation qui lui donne quelque

1. A propos de cette réorganisation, je trouve dans la correspondance de Ranson un curieux incident d'histoire

influence ; il veut pourvoir son ami Thellier
d'une place dans un des Tribunaux qui vont être
créés. Un jour il lui écrit : « Je voudrais bien
» vous voir au poste de commissaire du gou-
» vernement près le tribunal d'appel de votre
» Département et je vous ai proposé pour
» cette place. » Un autre jour : « J'ai remis ma
» note au ministre et je n'ai rien laissé à dési-
» rer sur votre compte. »

Et en effet Thellier est informé, peu de
temps après, qu'il va être nommé commissaire
du gouvernement, — non pas, il est vrai près
du Tribunal d'appel, — mais près du Tribunal
de première instance de Valenciennes. Valenciennes, c'est la ville où il a conquis le droit de
cité au péril de sa vie ; mieux que cela, c'est
là qu'il s'est créé des liens de famille plus
étroits encore que ceux que l'échafaud a brisés.
Cependant son premier mouvement est de
refuser le poste qui lui est offert : il hésite à
enchaîner sa liberté. Mais on lui montre le
bien qu'il pourra faire, le mal qu'il pourra empêcher ; surtout on lui fait connaître le nom de

---

locale. C'est le commencement de la lutte qui se prolongera
pendant un siècle, entre Lille et Douai. Dès lors, Lille rêve
d'absorber l'ancienne capitale judiciaire de la province et lui
dispute la possession du *Tribunal d'Appel*. On prétend même
à Paris que la riche cité commerçante emploie pour réussir des
moyens trop... commerciaux. Elle a dépêché des délégués
chargés de plaider sa cause auprès du gouvernement, et l'on
dit qu'ils sont porteurs d'une somme de trente mille francs.
Ces trente mille francs sont une fable, mais elle fait beaucoup rire et embarrasse fort les honnêtes députés Lillois.

celui qui serait choisi à son défaut : c'est un prêtre *jureur*. Il accepte alors, et un arrêté du premier consul, en date du 7 messidor an VIII, place « le citoyen Thellier » à la tête du Parquet de Valenciennes (1).

1. Le ressort du Tribunal de Valenciennes comprenait alors les arrondissements actuels de Valenciennes et de Douai. Ce n'est qu'en 1810 qu'un Tribunal de 1re instance fut créé dans cette dernière ville.

II.

C'EST le commencement et le couron-
nement tout à la fois de la carrière
judiciaire de M. Thellier de Poncheville. Pendant vingt-sept ans, en effet,
il occupera, sous les noms divers de Commissaire
du Gouvernement, de Procureur Impérial et
de Procureur du Roi, le même poste, sans jamais
demander une fonction plus élevée. Et cependant ses contemporains s'accordent à dire que :
« ses réquisitoires énergiques et dignes d'une
» cour supérieure faisaient souvent l'étonnement
» du public et du barreau » et que « pour ses
» travaux intérieurs, M. Thellier était égale-
» ment cité avec éloge au parquet de la Cour
» et au ministère de la justice (1). » — Est-ce
donc qu'il n'a pas conscience de sa valeur et
qu'il est dénué de toute ambition ? Je ne voudrais pas l'affirmer ; mais à coup sûr il ignore
ce que c'est que solliciter, et se mépriserait
lui-même s'il se surprenait à le faire. D'ailleurs,
à quelque degré de la hiérarchie qu'il les rem-
plisse, les fonctions du ministère public lui
plaisent par elles-mêmes ; il les aime sous leur
double aspect du cabinet et de l'audience, car
elles satisfont à la fois ses goûts de travail et
son ardeur pour la lutte.

Il est bien en effet le « grand travailleur »
qu'augurait sa cousine de M... en 1788. Il écrit

---

1. Ces expressions sont empruntées à un article nécrologique dont l'auteur raconte avoir entendu lui-même ces éloges au
ministère, en 1811.

un jour, sous l'Empire : « J'aurais pu être juge
» à la cour d'appel, on me l'a proposé ; mais
» j'aime trop le travail, et je n'aurais pas été
» assez occupé. Je regarde cette place comme
» une retraite de chanoine, je m'y serais en-
» nuyé ; je préfère avoir du mal. »

Et certes, il ne fait pas de son poste une
« retraite de chanoine ». Dossiers civils et correctionnels, correspondance officielle, statisti-
ques, renseignements, registres de l'état-civil,
rien n'échappe à son incessante activité. Voici
quelques extraits de sa correspondance qui en
témoignent assez :

« J'ai résumé, en 1808, onze cent huit affai-
» res correctionnelles et écrit sept cents lettres
» officielles.... Je suis obligé de rester dans
» mon cabinet depuis le matin jusqu'au mo-
» ment du souper, excepté pendant les heures
» d'audience. » — Et à l'audience il aime à
conclure dans toutes les affaires civiles ; ces
conclusions sont d'ordinaire soigneusement
préparées ; quand il s'agit d'affaires importantes, elles sont écrites... Ailleurs : « Je suis
» occupé à la vérification des registres de l'état
» civil (1), ce qui exige un travail de plusieurs
» mois ; il est vrai que le *déjeuner me faisait*
» *perdre un quart d'heure que le carême me*
» *rend :* c'est double profit. » En vain le parquet de la Cour l'engage-t-il à se décharger

1. Il a rédigé, en 1806, sur la tenue de ces registres, une
Instruction qui est encore consultée.

d'une partie de cette besogne de détail : il n'a
point le goût de recourir à l'aide d'autrui. Il
semble que son substitut lui-même n'ait le
droit de prendre une part de travail commun
que quand le procureur n'est pas là : « Je ne
» veux laisser à mon substitut que ce qui sur-
» viendra pendant mon absence et je ne par-
» tirai que quand tout sera réglé. »

Il prend chaque année une courte vacance
qu'il passe ordinairement à Saint-Pol, où il
s'occupe de ses intérêts personnels négligés le
reste de l'année. Mais il ne s'accorde pour
cela que quelques jours, et encore les paie-t-il
d'avance par un redoublement de travail :
« J'ai passé hier douze heures dans mon cabinet
» pour avancer mon départ d'un jour. »

Un vieil ami lui annonce-t-il l'intention
d'aller l'arracher à cette application excessive,
il lui répond : « Je ne crains pas vos menaces.
» Vous serez maître chez moi.... hors de mon
» cabinet. Sur ce point, je n'entends pas rai-
» son. »

Telle était cette race d'âpres travailleurs,
rebelles au plaisir, esclaves du devoir austère.
Ne sommes-nous pas plus portés à les admirer
qu'à les imiter ?

Mais ce n'est point pour le seul amour du
travail qu'en l'an VIII le Commissaire du
Gouvernement a accepté ses fonctions ; il a été
déterminé par une pensée plus élevée. On en-
trait alors dans une période de transition entre

deux ordres de choses bien différents. L'œuvre
de coordination et de transformation entre-
prise par le premier consul ne devait pas se
terminer en un jour ; elle ne pouvait s'accom-
plir sans résistances, sans hésitations, même
sans retours en arrière. Avant de se plier aux
nécessités nouvelles, beaucoup de ses agents
avaient un apprentissage à faire, et les vieilles
habitudes révolutionnaires tendaient parfois à
reprendre le dessus. Dans les détails et dans
l'application, la marche en avant était plus ou
moins rapide au gré des chefs de service ; une
volonté énergique et l'amour du bien ont pu,
en plus d'une occasion, l'accélérer. C'est surtout au point de vue de la pacification reli-
gieuse que les qualités et les idées personnel-
les des fonctionnaires ont, dans les premiers
temps, exercé une influence ou utile, ou contraire. M. Thellier n'a pas manqué à cette
tâche, dans son ressort et dans la limite de ses
attributions.

Un jour, c'est en ventôse an IX, il apprend
que les gendarmes ont, à cinq heures du matin,
envahi le domicile d'une femme veuve, y ont
fait une perquisition et saisi divers objets ayant
servi au culte catholique. Aussitôt il adresse à
son supérieur hiérarchique, le Commissaire du
Gouvernement près le Tribunal Criminel du
Département, une plainte énergique contre un
acte qu'il considère comme illégal. Sa lettre se
termine ainsi :

« S'il existe des mesures contraires aux lois,

» si nous ne pouvons plus protéger nos con-
» citoyens, le motif qui m'avait engagé à ac-
» cepter mes fonctions cesse, et je préfère ren-
» trer dans la foule plutôt que d'être obligé à
» souffrir de pareils actes. »

Son opinion n'est pas approuvée ; il insiste
et écrit de nouveau, le 1er germinal :

« Je ne puis me persuader qu'au mépris de
» l'art. 76 de la constitution, les gendarmes
» aient eu le droit de s'introduire la nuit dans
» la maison de la veuve Rolancourt, sans avoir
» été appelés de l'intérieur, ni qu'ils aient eu
» celui d'enlever, fut-ce de jour, des effets
» quelconques, abstraction faite de l'usage
» auquel ils les supposaient destinés.

» Je ne connais aucune loi qui défende à
» un citoyen d'avoir chez lui des objets servant
» au culte catholique.

» Rien ne prouve que ceux enlevés apparte-
» naient à un prêtre ; et quand cela serait, où est
» la loi, où est le jugement qui en prononce la
» confiscation ? Que l'ex-préfet ait pris des
» mesures contre les ministres du culte, qu'il
» ait ordonné des visites domiciliaires dans
» tout notre arrondissement, cela peut être, et
» j'y crois même ; mais qu'il se soit permis de
» les ordonner la nuit, j'en doute ; il savait trop
» bien que le domicile d'un citoyen est un asile
» inviolable.

» Je suis trop franc pour vous dissimuler ce
» que je pense ; la conduite des gendarmes me
» paraît répréhensible.... »

On ne lui sut pas mauvais gré de cette franchise.

Cependant, certains subalternes ne pouvaient se déshabituer de persécuter leurs concitoyens ; parmi eux les prêtres apostats se faisaient particulièrement remarquer. L'un de ceux-ci était commissaire de police de la petite ville de Condé, qu'on appelait alors Nord-Libre. Un beau matin, le 4 germinal an IX, il écrit au « Citoyen Commissaire du Gouvernement » pour l'avertir que « le fanatisme, ce monstre affreux, semble relever sa tête hideuse. » Des prêtres « réfractaires » sont réunis au hameau voisin de *Bon-Secours* ; il sollicite l'ordre de les faire arrêter.

Le policier s'adressait mal ; voici la réponse qu'il reçut :

« Du 5 germinal an IX.

» Le temps n'est plus où l'on persécutait
» avec de grands mots souvent vides de sens,
» des hommes vertueux.

» Depuis que je suis en place, vous êtes le pre-
» mier fonctionnaire qui les ait employés. Vous
» me parlez du *fanatisme, ce monstre hideux qui*
» *semble relever sa tête hors de votre arrondis-*
» *sement* et vous me demandez l'autorisation
» de faire arrêter les prêtres catholiques qui
» approcheraient de votre dépendance.

» J'ai peine à voir dans ce langage, celui de
» l'impassibilité qui doit caractériser l'homme
» en place, dont la principale ambition doit

» être de mériter l'amour et l'estime de ses con-
» citoyens.

» Je me garderai bien de stimuler votre zèle
» ardent en vous autorisant à étendre les
» limites de votre juridiction, et en sanction-
» nant vos projets contre des hommes qui com-
» mandent le respect.

. » Je croirais trahir la confiance du gouvernement. »

Il ne cache point d'ailleurs aux représentants de ce gouvernement ses convictions religieuses. Le 28 thermidor suivant, en effet, il
écrivait au Préfet :

« Le nombre des détenus excède mainte-
» nant de dix-neuf vingtièmes celui de 1789.

» Les hommes n'ont plus le frein de la Reli-
» gion, et celui des lois est trop faible pour
» arrêter la fougue des passions. »

Des peintures révolutionnaires *ornent* le
Tribunal installé dans les locaux qui dépen-
dent de l'Hôtel-de-Ville ; il s'adresse au Maire
pour les faire disparaître :

« 10 brumaire, an X.

» Depuis longtemps je lève vainement la
» voix pour faire disparaître du lieu de nos
» séances, les images obscènes et scandaleuses
» qui outragent la religion et la pudeur.

» Je me croirais coupable, au moins de lâ-
» cheté, si je n'insistais pour faire disparaître
» ces monuments d'anarchie et d'impiété.

» La loi du 22 juillet 1791, titre 2, art .8, pro-

» nonce des peines contre ceux qui attentent
» publiquement aux mœurs par exposition
» d'images obscènes ; celle du 7 vendémiaire, an
» IV, prononce l'amende et l'emprisonnement
» contre ceux qui outragent les objets d'un
» culte ; je réclame l'exécution de ces lois; vous
» vous empresserez sans doute d'adhérer à ma
» juste demande. »

Le maire crut pouvoir traiter le sujet légèrement et annonça qu'il prendrait l'avis d'un
artiste ; il s'attira cette verte réplique :

« Malgré l'étonnante réponse qu'il vous
» a plu de faire le 14 de ce mois à ma lettre
» du 10, que vous avez sans doute regardée
» comme une supplique tandis qu'elle était
» une réquisition autorisée par la loi et com-
» mandée par ma place, je ne me lasserai pas
» de provoquer votre justice avant de recourir
» à celle des autorités supérieures, pour faire
» disparaître jusqu'aux traces de discorde et
» de division.

» Quelques moyens qu'on emploie pour
» me nuire, je suis incapable d'user de repré-
» sailles ; elles répugnent trop à mon cœur et
» à mes principes.

» Je n'aurai pas besoin cette fois, au moins
» je l'espère, de l'avis de l'artiste pour obtenir
» l'enlèvement du tableau qui se trouve dans
» la chambre du conseil et portant ces mots :
» Guerre à mort à l'infâme maison d'Autriche.
» Ce n'est plus une *invitation* c'est une *réqui-*
» *sition* que je vous fais.

» J'aime à croire que vous y aurez égard ;
» mon silence eût été un crime, il ne me serait
» pas permis de me taire sur le vôtre. »

Ce sujet lui tient au cœur, il insiste auprès
du préfet pour obtenir « quelques tableaux qui
pussent frapper les yeux de la multitude et
arrêter bien des faux serments. »

Il a gain de cause à la suite d'une visite du
conseiller d'État Fourcroy, en pluviôse, an X ;
on enlève de la chambre du Conseil un papier
couvert de piques et de bonnets rouges qui la
tapissait ; et l'on place dans la salle du Conseil
un Christ et une Justice en remplacement de
deux déesses de la Liberté « dont les tableaux
ont servi à cet effet. »

Quelques semaines auparavant il avait, dans
un moment de découragement, envoyé sa démission au Ministre de la Justice. Mais ceux
qui, depuis deux ans, étaient les témoins de sa
vie judiciaire, avaient conçu une estime profonde pour les rudes qualités de l'homme et
du magistrat ; le Tribunal s'était donc ému et
avait écrit de son côté au Ministre pour le
prier de refuser la démission qui lui était
offerte. M. Thellier se rendit à ces instances.

Cependant tout le monde n'appréciait pas
de la même façon son indépendance. C'est ainsi
qu'un receveur de l'enregistrement se plaignit
au Ministre du Commissaire du Gouvernement qui s'était permis un jour, comme c'était
son droit, de combattre dans ses conclusions

les prétentions de la Régie. Le Magistrat accusé se défendit en ces termes :

« Le système de la Régie répugne à ma
conscience, et je ne me sens pas le courage ou
plutôt la faiblesse de l'adopter.

» Je suis l'homme de la loi et dois veiller à
son exécution.

» Quelle idée se formerait-on d'un magistrat
qui, violant les principes, s'efforcerait de défendre une cause inepte ? »

Le Ministre — c'était Abrial — lui donna
raison en faisant remarquer que « la République, dans ses affaires contentieuses, est soumise
à l'exécution des lois comme les particuliers. »

Maxime incontestable sans doute, mais
qu'on aime bien à relire sous la troisième
République !

« Homme de la loi » il la fait respecter par
tous, mais il donne, toutes les fois qu'il le peut,
son appui aux proscrits et aux malheureux.

Un jour, dans une affaire civile, on oppose
à un plaideur une fin de non recevoir, tirée de
ce que son nom figure sur une liste d'émigrés.
Le Commissaire du Gouvernement s'indigne ;
le prétendu émigré est mineur, il prend en
main sa cause et la défend dans des conclusions éloquentes — (audience du 17 nivôse
an X).

Une autre fois, il se faisait encore l'avocat
d'un émigré ; pour celui-là, il demandait sa
radiation et le proposait en même temps au
Ministre pour une place de juge.

A des Anglais détenus comme otages à Valenciennes, et qui avaient été maltraités, il écrivait : « Il n'est pas dans les principes du Gouvernement d'insulter au malheur, et je me ferai toujours un devoir de vous protéger même au péril de ma vie. » — (9 thermidor an XI).

Le 27 prairial an XII — nous sommes maintenant sous l'Empire, — il écrit au Grand Juge pour attirer son attention sur deux prisonniers détenus à Valenciennes :

L'un est une dame Maillard. « *Son crime est* » *d'avoir un mari suspect à Hambourg ;* on n'a » rien trouvé chez elle qui pût la compromettre, » on ne la met pas en jugement et elle garde » toujours la prison. »

Et l'on avait pris la Bastille !

L'autre est un officier réformé, arrêté pour « avoir fait l'éloge du général Moreau et dit » qu'il était meilleur général que Bonaparte. » Il est en prison depuis quatre mois.

Pour lui, comme pour la femme Maillard, le procureur impérial demande qu'il soit relâché : « Les propos qu'on lui prête, fussent-ils vrais, » dit-il, l'Empereur ne doit pas s'y arrêter. »

Cette double mise en liberté fut en effet ordonnée.

Ce n'est pas aux autorités judiciaires seulement que notre magistrat signale ce qu'il croit être leur devoir. Il ne craint pas de parler avec la même fermeté aux Ministres de cette religion qu'il a confessée au péril de sa vie.

Peu de temps après le Concordat, le 14 brumaire an XI, il écrivait à l'Évêque de Cambrai :

« Je ne vous dirai pas avec le prophète-roi :

» *Faites que nous puissions bâtir les murs de* » *Jérusalem ;* mais faites que nous puissions » les habiter, puisqu'ils existent, et sont à votre » disposition.

» Vous connaissez, Monsieur, la bulle du » Souverain Pontife donnée à Rome, le 18 des » calendes de septembre 1801, et récemment » publiée comme loi de la République.

» On y trouve ces expressions :

« *Satis habuimus quod ommia templa metro-* »*politana, cathedralia, parochialia, aliaque non* » *alienata, cultui necessaria, episcoporum dispo-* » *sitioni tradantur.* »

» Vous n'ignorez pas, Monsieur, que les catholiques de Valenciennes ne jouissent que de la petite église du collège.

» Et encore quelle jouissance !.....

» Si nous avons d'autres oratoires, nous les » devons au zèle infatigable, à la charité, oui » à la charité de nos pasteurs qui en payent » le loyer !

» On démolit en ce moment l'église de » l'Hôtellerie pour en faire un marché ;

» On destine celles des Carmes deschaux (1) » pour un magasin ;

1. Les Carmes *déchaussés.*

» On voulait placer le tribunal dans celle de
» Saint-Pierre située sur la grand'place.

» Et la loi les met à votre disposition ! »

Episcoporum dispositioni tradantur.

« Rendez-nous, Monsieur, rendez-nous nos
» temples, arrêtez leur destruction en les récla-
» mant : que les louanges du Seigneur reten-
» tissent de nouveau sous leurs voûtes sacrées
» et trop longtemps profanées !

» J'aurais cru vous manquer, si je m'étais
» adressé directement au conseiller d'État
» chargé des affaires du culte.

» C'est à vous qu'est réservé le bonheur de
» relever nos autels, d'arrêter les efforts de l'im-
» piété qui, vous le savez, rugit déjà, dans sa
» fureur insensée, contre le Concordat.

» Convaincu que vous verrez avec plaisir les
» deux lettres que j'ai reçues du cit. Portalis à
» ce sujet, je les transcris ici (1).

» Cet accord des fonctionnaires publics en
» cette circonstance est bien consolant pour la
» religion et ses ministres.

» Puissent bientôt les accens touchans de
» ces derniers retentir aussi dans nos cœurs, et
» ramener les hommes égarés dans le sentier
» du devoir ! »

Cet appel fut entendu : l'église des Récollets (2) fut rendue au culte ; et quant à l'Evêque,
Mgr Belmas, il ne put refuser son estime à

---

1. Je n'ai pas retrouvé ces lettres.
2. Aujourd'hui Saint-Géry.

l'énergique chrétien qui lui avait tenu ce langage. Peu d'années après, il lui écrivait, à l'occasion de la nomination d'un beau-frère de M. Thellier à une cure voisine de Valenciennes :

« Je me suis réjoui en apprenant que cette
» promotion vous était agréable. Il est si rare
» de plaire aux hommes en faisant le bien,
» qu'on peut s'en féliciter lorsqu'on obtient
» l'assentiment de ceux au moins que l'on
» estime, et dont on serait glorieux d'avoir
» l'approbation s'il était permis de rechercher
» celle des hommes. »

Aussi bien s'était-on partout habitué à cette indépendance de langage et d'allures. Ranson écrivait à son ami au moment où celui-ci prenait possession de son poste : « Forcez vos ennemis à vous aimer et à vous bénir avec les honnêtes gens. » Je n'ose affirmer que l'affection fut bien le sentiment que notre magistrat inspira toujours autour de lui; mais à coup sûr il força l'estime de tous. On lui rendait ce témoignage qu' : « il n'avait pour guide que sa conscience » qu' « aucune considération ne l'arrêtait .... La justice et rien que la justice » (I). C'est cette impartialité à toute épreuve, ce culte absolu de la justice, qui faisait accepter partout sa franchise.

I. Extrait d'un des articles nécrologiques publiés par les journaux de Valenciennes.

L'auteur de l'article ajoute : « Et certes sa réputation est populaire sous ce rapport. »

Procureur impérial, la loi le force à donner
son avis par écrit sur certaines instances en
divorce ; mais sa foi de chrétien l'oblige
aussi à faire ses réserves contre une institution
que l'Église condamne. Il n'hésite pas et il
constate que c'est « la loi civile » seule qui
« permet ». Et personne ne s'étonne d'une formule qui ressemble bien cependant à une pro-
testation.

Dans l'été de 1805, le Prince Louis Bonaparte, le futur roi de Hollande, alors connéta-
ble de l'Empire, suivait un traitement aux
eaux thermales de Saint-Amand, près de Valenciennes. De malheureux pères de famille,
condamnés à des amendes pour avoir pris du
bois dans la forêt domaniale, et sans ressources
pour les payer, sont menacés de la contrainte
par corps. Ils supplient le Prince d'intervenir
en leur faveur ; celui-ci écrit à M. Thellier. Ne
serait-il pas possible de suspendre l'exécution
des jugements (1) ? Le Procureur répond à
l'Altesse Impériale : « Je ne puis : je dois exé-

---

1. Voici le texte de la lettre du Prince Louis qui peut intéresser la chronique locale: « Saint-Amand, le 25 th⁰ʳ an XIII.
» Monsieur le Procureur Impérial, onze pères de famille,
domiciliés à La Croisette, ont été condamnés à des amendes
pour avoir pris du bois dans les forêts Impériales ; ils sont
presque tous chargés de beaucoup d'enfans et n'ont commis
ces délits que pour aider à leur subsistance. Comme ces
malheureux se trouvent dans l'impossibilité d'acquitter les
amendes prononcées contre eux, il devront subir la peine de
la prison ; ne serait-il pas possible de suspendre l'exécution
des jugements qui les condamnent et de ne sévir que contre

cuter la loi ; l'Empereur seul a le droit de
faire grâce. » Le Prince acquitta les amendes
de sa bourse.

Une autre fois, c'est le Procureur qui inter-
cède à son tour pour des malheureux : il ne
s'agit plus alors d'un jugement dont l'exécution s'impose, mais de poursuites auxquelles on
peut encore renoncer. En 1807, l'arrondissement de Valenciennes est rempli de conscrits
réfractaires ou prétendus tels. On les traque
avec la dernière rigueur ; au moindre retard
qu'ils apportent à rejoindre leur corps, les
jeunes soldats sont frappés de peines sévères
et les jugements qui les condamnent sont
affichés dans tout le département. On poursuit
aussi pour recel des parents, des amis, des
voisins, tous ceux qu'on présume avoir favorisé
leur fuite. Sans doute le procureur impérial
s'acquitte avec fermeté de sa fonction contre
les coupables « sourds à la voix du devoir et
au cri de l'honneur », mais il réclame contre
des sévérités exagérées. Un jour, de prétendus
recéleurs, dont la bonne foi était certaine, sont
traduits par ordre supérieur devant le tribunal
de Valenciennes. A l'audience, M. Thellier
conclut à leur acquittement, et non content de
l'avoir obtenu, il écrit au Procureur Général :

---

ceux qui à l'avenir se rendraient de nouveau coupables, et de
leur pardonner en faveur du jour de la fête de l'Empereur ?

» Recevez, Monsieur le Procureur Impérial, l'assurance de
ma considération.

                              » Louis BONAPARTE »

« J'avoue que, dans mon opinion, on aurait
» bien pu se dispenser de les traduire ; je m'a-
» perçois qu'une crainte déplacée rend parfois
» trop sévère. On oublie que le Gouvernement
» est juste et que c'est un devoir de protéger
» l'innocence (1). »

L'exemple est contagieux ; le procureur général répond en marge : « Il n'y a rien que de
parfaitement juste dans cette lettre. »

On assure que cette imperturbable franchise
n'a point fléchi devant la majesté impériale
elle-même. Napoléon, de passage à Valenciennes (2), recevait les autorités : « Sire, lui aurait
dit M. Thellier, je vous sers fidèlement, mais
mes affections sont ailleurs. »

Je n'ai aucun moyen de contrôler l'exactitude
de cette tradition ; faut-il l'avouer ? je doute
fort que le vainqueur de l'Europe ait permis à
un petit magistrat de province de lui tenir un
si fier langage...

---

1. Lettre du 18 juillet 1807.

2. Le 29 avril 1810 ; il était accompagné de l'impératrice
Marie-Louise, du roi et de la reine de Westphalie et de la
reine de Naples.

III.

RAI ou apocryphe, le mot était bien la traduction de sa pensée. Loyal magistrat sous l'Empire, M. Thellier n'avait pu oublier ceux qu'il avait servis au péril de sa vie : il était resté royaliste au fond du cœur. Aussi salua-t-il avec bonheur la Restauration. Peut-on s'étonner d'un enthousiasme qui ne fut ni plus prompt ni plus vif que celui de bien des hommes couverts des faveurs du régime qui tombait, que celui du Sénat impérial lui-même, et de la masse du pays lassée de la guerre sans trêve et de la conscription sans merci ?

Le 12 avril 1814, le chef du Parquet de Valenciennes proposait au Tribunal un projet de délibération ainsi conçu :

« Une cruelle expérience de près de vingt-cinq ans a dû convaincre tous les Français qu'il ne pouvait plus désormais exister de bonheur pour eux, qu'en se jetant dans les bras de leur légitime souverain.

» Il est donc de leur intérêt comme de leur devoir de restituer à l'antique dynastie des Bourbons un trône qu'ils ont illustré pendant huit siècles.

» En conséquence, le Tribunal, animé des mêmes principes que la Cour de Douai, appelle par tous ses vœux le retour de Louis XVIII dans ses états, pour y régner suivant l'ordre établi par nos anciennes constitutions. »

C'est presque le même langage que tenait le « républicain » Carnot à la garnison d'Anvers !

Cependant le Tribunal n'accepta pas le projet ; il hésitait encore... Il n'hésita pas longtemps : les journaux du temps nous apprennent que, dès le lendemain, il donnait son adhésion « aux actes par lesquels le gouvernement provisoire avait assuré le repos et le bonheur de la France. » Les convictions mûrissent vite en temps de crise.

La Restauration fit du procureur impérial un procureur du Roi ; M. Thellier redevint, comme autrefois, M. Thellier de Poncheville, et ce fut tout.

Je me trompe : il sollicita deux faveurs qui lui furent accordées.

Le 19 mai 1814, il écrivait au duc de Duras pour demander l'autorisation de porter la décoration du Lys, que beaucoup de fidélités de fraîche date s'étaient déjà empressées d'arborer.

Le 5 novembre 1814, il offrit au Roi trois mois de son traitement pour être versés au trésor, et S. M. daigna accepter.

Le 5 mars 1815, autre supplique adressée au Garde des Sceaux. Il faut la citer tout entière :

« Monseigneur. — Mes plus belles années ont été un dévouement perpétuel au Roi Martyr ; son illustre frère, notre monarque actuel,

a daigné m'en rendre l'honorable témoignage
pendant sa régence.

    » Si je ne craignais que ces titres fussent
» insuffisants, je ne rappellerais point ici que
» mon père, ma mère, ma sœur, quatre de
» mes frères ont payé leur fidélité de leur vie,
» que moi-même j'ai été deux fois sur les mar-
» ches de l'échafaud, et que je n'ai échappé
» seul de ma famille que par un concours
» d'événemens dont le détail serait trop long.

    » Votre Grandeur me demandera où aboutit
» ce préambule ?

    » A la supplier de faire encore agréer au
» Roi une nouvelle offrande de trois mois de
» mon traitement, pour l'érection d'un monu-
» ment consacré à la mémoire du vertueux
» Louis XVI, auquel j'avais consacré ma
» vie. »

Telles sont les récompenses qu'ambition-
naient, en ce temps-là, les vrais et fidèles serviteurs de la royauté. Nos petites villes et nos campagnes étaient remplies de ces dévouements.
N'étaient-ils pas un peu de la même trempe
que celui de ces gentilshommes provinciaux
d'autrefois qui, après avoir versé leur sang sur
dix champs de bataille, regagnaient obscuré-
ment leur foyer appauvri, satisfaits d'avoir bien
servi le Roi et la France et laissant à d'autres
le souci de se disputer les faveurs de la Cour ?

M. Thellier, écrivant à un ami, raconte comment son offre fut accueillie : « Le Ministre de
» la Justice que j'avais prié d'être mon inter-

» prète, ne me répondit point ; mais le Rece-
» veur Général des Domaines m'envoya sa
» quittance. »

*
* *

Le Ministre avait, il est vrai, d'autres préoc-
cupations. Il apprenait à ce moment même
la foudroyante nouvelle du retour de l'île
d'Elbe. Napoléon venait de débarquer au golfe
de Jouan !

On en fut informé à Valenciennes dans la
journée du huit mars. Le procureur du roi
doute encore, il écrit à Paris pour avoir la
confirmation ou le démenti des bruits qui circulent. Cette fois le Ministre, le chancelier
Dambray, lui répond en personne ; et les termes de cette réponse sont curieux à relire :

« Il n'est que trop vrai que Bonaparte a osé
souiller de sa présence le sol français ; mais
nos armées marchent de tous côtés contre lui,
et il ne pourra résister aux efforts et au courage de tous les bons Français combattant
pour leur Roi et pour la patrie... »

Cette lettre est du 13 mars 1815... Huit
jours après, comme le duc d'Orléans, nommé
par le roi commandant en chef des troupes et
des gardes nationales du département du
Nord, achevait de passer en revue la garnison
de Valenciennes, un courrier vint lui apporter
la nouvelle de l'arrivée de Napoléon à Paris.

*
* *

Cette fois le devoir apparaissait nettement tracé aux yeux du procureur du Roi. Au premier consul, à l'empereur, prenant pour tâche de rétablir l'ordre dans une société livrée aux bêtes, il avait donné son adhésion et sa modeste part de concours. Il n'hésita pas à refuser cette adhésion et ce concours à l'aventure qui troublait le pays dans son repos, et devait être si fatale à la France.

Le 25 mars, le Tribunal, serviteur plus empressé cette fois du soleil levant, signa une adresse à l'Empereur ; M. Thellier de Poncheville protesta et envoya aussitôt sa démission. Et quelques semaines plus tard, lorsque l'acte additionnel aux constitutions de l'empire fut soumis à la ratification populaire, il inscrivit sur le registre son vote sous cette formule énergique : « Non, mille fois non. »

Un détail touchant : La douce et sainte compagne que le Ciel lui avait donnée au retour de l'exil, et dont le rôle paraissait être d'ordinaire d'atténuer les aspérités de sa nature un peu rude, l'encouragea dans cette attitude énergique. Il lui rendait plus tard ce témoignage : « Ma femme qu'on peut appeler la Femme forte de l'Évangile, venait de donner le jour à son sixième enfant ; il y avait tout à craindre, elle ne témoigna que de la joie du parti que j'avais pris, et me dit qu'elle m'en aurait voulu si j'avais agi autrement. »

On laissa cependant en paix pendant deux mois le procureur démissionnaire ; mais le 25 mai il reçut avis de sa destitution, et le 15 juin ordre de quitter Valenciennes. Il devait se rendre dans la Somme, à Montdidier pour y rester en surveillance.

*
* *

Il partit seul pour la destination qui lui était assignée. La nouvelle de la sanglante catastrophe de Waterloo le fit bientôt rétrograder, et il erra pendant quelque temps dans les environs de Valenciennes.

La ville était alors investie par les armées alliées ; elle avait pour gouverneur, le lieutenant-général Emmanuel Rey, officier énergique, décidé à se défendre jusqu'au bout pour conserver à la France une place importante. Malgré un bombardement dont les habitants ont gardé le souvenir, malgré l'agitation d'une partie de la population, il tint ferme et l'ennemi n'entra pas dans la ville.

Cependant Rey, s'inclinant devant les faits accomplis dans le reste de la France, fit arborer le drapeau royal le 19 juillet et invita les troupes et les habitants à reprendre la cocarde blanche.

Quelque temps auparavant, M. Thellier de Poncheville s'était présenté aux portes, avec un sauf-conduit du général Frère qui commandait à Lille ; mais le Gouverneur l'avait fait saisir par deux gendarmes et expulser. Lorsqu'il apprit que Rey avait enfin reconnu l'autorité du roi, il revint à la charge et rentra un soir à Valenciennes.

Le lendemain était un dimanche ; il se rendit à la messe paroissiale et alla occuper au chœur la place précédemment réservée au procureur du roi. A midi, on affichait une proclamation ainsi conçue :

« Au nom du Roi, etc...

» Les individus sortis de la place par » mesure de sûreté par ordre du Gouverneur » n'y rentreront que sur un ordre signé de lui. » Dans le cas contraire, ils seront arrêtés et » livrés à la commission militaire. »

Pour l'intelligence de cette pièce et de ce qui va suivre, disons que Rey n'était pas seulement l'ardent patriote que nous avons dit ; il était fort attaché à l'Empereur et n'avait pas une bien vive tendresse pour les royalistes de Valenciennes. La population de cette ville avait montré fort peu d'enthousiasme lors des événements de mars (1) ; elle s'était mutinée plusieurs fois pendant le siège, et le gouverneur se persuada aisément que ces mouvements avaient été encouragés par les partisans de

1. Extrait de la *Chronologie Valenciennoise*: 30 mars 1815. « Le Maréchal Ney, arrivé la veille à Valenciennes, passe en revue les troupes de la garnison.

» Le Maréchal, ayant reçu successivement toutes les autorités de la ville, se plaignit à M. le Président Perdry de la froideur qu'il avait remarquée dans la population pour la cause de l'empereur. M. Perdry excusa de son mieux les Valenciennois, en rejetant leur conduite sur le caractère habituellement froid des habitants du Nord. »

Louis XVIII. Le 23 juin, dans la soirée, trente-cinq à quarante citoyens notables, connus comme royalistes, recevaient par des gendarmes, l'ordre du gouverneur de quitter la place le lendemain et de sa rendre à Péronne, sous la surveillance du maire de cette ville. C'est sans doute à ces « individus » que s'appliquait la proclamation affichée aussitôt après le retour du procureur du roi, mais la coïncidence n'avait sûrement rien de fortuit. Ici je laisse parler M. Thellier :

« On me remet la proclamation; un instant après, le Maire se présente chez moi ; je la lui montre et lui demande quel est le lâche qui l'a fait afficher ; il me répond qu'il a dû obéir. Je réplique qu'elle est d'un traître à son roi, que je l'en rends responsable et qu'il y va de sa tête : « Réfléchissez, lui dis-je, ce n'est plus un proscrit qui vous parle, c'est le procureur du roi qui vient faire reconnaître son autorité.» Il me quitte et j'écris au Gouverneur. . . .

Ici commence entre ces deux hommes, bien faits pour se comprendre et s'estimer si la politique ne les eût séparés, une correspondance dont on devine le ton, étant donné leur caractère, mais qu'il faut citer :

« Valenciennes le 23 juillet 1815.

» Thellier de Poncheville, Procureur du Roi » près le tribunal civil séant à Valenciennes.

» A Mr le Général Rey, Gouverneur de la » place.

» MONSIEUR,

» Rentré en cette ville pour reprendre mes
» fonctions de Procureur du Roi, en exécution
» de l'ordonnance de Sa Majesté du 7 de ce
» mois, je reçois votre ordonnance *sans date*,
» *affichée ce jourd'hui*, et portant entr'autres
» dispositions que ceux qui sont rentrés sans
» vos ordres seront livrés à une commission
» militaire.

» Je croirais trahir mes devoirs si je quittais
» le poste où mon Souverain et le vôtre m'ap-
» pelle ; je vous déclare donc, Monsieur, que je
» ne puis obéir à votre proclamation.

» Exilé sous le règne de l'usurpateur pour être
» resté fidèle au Roi, j'ai pu et j'ai dû, mainte-
» nant que le Roi est rendu à nos vœux, ren-
» trer dans cette ville d'où je ne sortirai que
» par la violence si l'on ose l'employer, et pour
» me rendre au pied du trône y demander jus-
» tice.

» J'attends, Monsieur, votre réponse. »

Le Gouverneur répondit le même jour que,
M. Thellier de Poncheville n'étant sorti de
Valenciennes que par une décision particulière
de la Commission de haute police, son arrêté
ne lui était pas applicable ; mais que d'ailleurs
il ne pouvait lui reconnaître aucune autorité,
n'ayant pas officiellement connaissance de
l'ordonnance royale du 7.

Il s'agissait donc d'affirmer cette autorité.

Le Procureur impérial nommé pendant les

Cent-jours était encore en fonctions. M. Thellier le somme de les cesser et de lui remettre
ses archives ; il refuse d'abord, puis finit par
déloger. Vient ensuite le tour du directeur des
postes ; le Gouverneur lui a défendu de remettre à son trop énergique correspondant les
lettres destinées au ministère public : là encore
une sommation triomphe des premières résistances. Enfin, c'est le Tribunal lui-même qu'il
faut inviter à reconnaître l'autorité du Roi.

Mais les royalistes expulsés restaient toujours bannis (1), et ce qu'il y a de plus curieux,
bannis « au nom du Roi » ; d'autres étaient en
prison ; le 27 juillet, nouvelle lettre au Gouverneur Rey :

« Le Procureur du Roi
» à M. Rey, gouverneur de Valenciennes.

» MONSIEUR,

» Vous avez été trompé par des hommes
» étrangers à tous sentiments généreux ; d'autres
» trop faibles n'ont pas eu le courage de vous
» désabuser. C'est en ma qualité, c'est, j'ose
» le dire, comme l'organe des volontés du Roi,
» que je viens vous parler le langage de la vé-
» rité et de l'honneur.

» Des hommes probes, des Magistrats intè-
» gres sont encore exilés par vous ; leurs épou-
» ses éplorées m'accablent de leurs réclama-

---

1. Parmi eux se trouvaient deux membres du tribuna
MM. Crendal de la Tourre, juge, et Boca, juge suppléant.

» tions et s'étonnent que l'effet ne cesse point
» avec la cause.

» Le seul motif de la déportation de ceux
» pour qui je réclame votre justice, est leur at-
» tachement au Roi.

» Ce qui a pu paraître crime dans des temps
» malheureux est aujourd'hui vertu. Des ren-
» seignements me sont demandés sur ce qui se
» passe à Valenciennes ; donnez-moi, Monsieur,
» les moyens d'adoucir le tableau des malheurs
» de ses habitants.

» Si je n'étais qu'un simple particulier, je
» pourrais me contenter de gémir en silence,
» mais un Procureur du Roi, honoré de la
» confiance et, je puis le dire, de l'estime de son
» Souverain, ne peut garder le silence sans
» prévariquer.

» Réagissons, Monsieur, mais pour le bien seu-
» lement. Loin de moi toute idée de vengeance;
» je n'ai jamais connu cette passion hideuse.

» Je l'ai dit il y a quinze mois au Commis-
» saire du Roi : je ferais un rempart de mon
» corps à mon plus cruel persécuteur si je
» voyais ses jours en danger.

» Celui qui a bravé dans cette ville les sabres
» des dragons de La Tour, pour sauver un
» républicain imprudent qui allait tomber sous
» leurs coups, ne réclamera pas en vain votre
» justice.

» Le Roi, Monsieur, a besoin du concours de
» tous les Français; rappelez donc ceux qui ont
» été exilés pour sa cause ; ils oublieront leurs

» maux pour ne penser qu'au bienfait et vous
» augmenterez le nombre des heureux.

» *Pulchrum fateri, pulchrius est reparare.*

» Agréez etc... »

Voici la réponse de Rey ; cette fois elle est
adressée « au Procureur du roi » :

« Valenciennes, le 27 juillet 1815.

» MONSIEUR,

» Je reçois votre lettre de ce jour, je vous
» prie de croire que le langage de la vérité et
» de l'honneur m'est tout aussi familier qu'à
» vous, puisque ces principes sont les bases
» constantes de ma conduite.

» Les personnes déportées par mesure de
» sûreté et qui, d'après mon arrêté du 23
» juillet, se sont adressées à moi pour recevoir
» l'autorisation de rentrer dans la place, y
» ont été toutes autorisées, parce que je n'ai
» pas cru que leur présence pût nuire au main-
» tien de l'ordre ; mais dans le nombre de cel-
» les qui sont encore absentes, il en est dont
» la violence de caractère et les projets de
» vengeance, qu'elles manifestent hautement,
» doivent ajourner leur rentrée pour conserver
» la tranquillité dans la Ville dont le Roi a
» daigné me conserver le gouvernement, tran-
» quillité que je maintiendrai par tous les
» moyens, quels que soient les partis qui cher-
» cheraient à la troubler.

» Les individus absens doivent donc, Mon-

» sieur, pour obtenir leur rentrée, se conformer
» à mon arrêté du 23, et je statuerai sur leur
» demande.

» Vous me parlez, Monsieur, des malheurs
» des habitans ; s'ils jettent les yeux sur ce
» qui se passe dans les villes qui les environ-
» nent, ils devront se féliciter de la position où
» ils se trouvent ; il n'a pas cependant dé-
» pendu des malveillans, qu'ils n'éprouvassent
» aujourd'hui les mêmes maux que leurs voi-
» sins. J'ai tout fait pour adoucir leur situation,
» et c'est avec regret qu'il ne dépend pas de
» moi de les rendre plus heureux.

» J'ai l'honneur etc.

» Le Lieutenant-général des armées du Roi,
gouverneur de Valenciennes, etc.

EMMANUEL REY.

» Je vous engagerai, Monsieur, à mieux
» appliquer à l'avenir vos citations latines. »

Le terrible gouverneur tient bon. Le magistrat s'adresse alors au Ministre de la Justice,
M. Pasquier, et en reçoit la réponse suivante :

« J'ai reçu, Monsieur, la lettre que vous
» m'avez adressée sous la date du 28 du mois
» dernier ; votre zèle et votre dévouement sont
» dignes des plus grands éloges et justifient
» pleinement la confiance du Roi.

» Aussitôt que vous aurez reçu la présente,
» vous voudrez bien reprendre sans délai vos
» registres, correspondances etc., rentrer dans
» l'entier excercice de vos fonctio ns conformé-

» ment à l'ordonnance royale du 7 juillet 1815,
» et requérir officiellement l'élargissement des
» personnes détenues pour leur attachement à
» la cause du Roi.

Les portes de la prison s'ouvrirent devant
cette lettre, mais il n'en fut pas de même de
celles de la ville. Celles-ci étaient toujours aux
mains de Rey, et ce n'est qu'à la suite de nouvelles démarches qu'un congé l'appela à Paris,
et permit à ceux qu'il avait éloignés de la ville
d'y rentrer.

IV.

ONSIEUR Thellier de Poncheville avait écrit le 27 juillet : « Je ferais » un rempart de mon corps à mon » plus cruel persécuteur si je voyais » ses jours en danger. » Cette parole était l'expression d'une pensée sincère ; mais il ne se doutait pas alors qu'il dût si tôt la justifier. Un mois plus tard, jour pour jour, le Procureur du Roi avait à défendre contre les fureurs de la foule — non point un persécuteur — mais un malheureux adversaire politique, et lui faisait en effet « un rempart de son corps. »

Le dimanche 27 août 1815, Valenciennes célébrait par une marche triomphale la fête de Louis XVIII ; un ancien officier, Désiré Wallon, placé sur le passage du cortège, avait refusé de prendre part aux cris de Vive le Roi qui éclataient de tous côtés ; peut-être même avait-il crié : Vive l'Empereur! Quelques gardes nationaux l'interpellent violemment ; la population s'ameute et veut lui faire un mauvais parti. Le malheureux se réfugie, légèrement blessé, dans une maison dont on fait le siège. C'est alors que le Procureur du Roi, averti, intervient pour le protéger. Il tient tête à la foule qui s'irrite, et parmi laquelle un certain nombre les gardes nationaux armés se distinguent par leur animation. Enfin il prend résolument le bras de Wallon, et, à travers l'émeute toujours menaçante, il le conduit en lieu sûr.

En parcourant le procès-verbal officiel qui raconte longuement cette scène, on croirait relire le réçit de cette journée du 19 juillet 1789, où le jeune échevin de Saint-Pol arrachait aux mains d'une population furieuse le Receveur des États d'Artois. Tant il est vrai que toutes les foules et toutes les réactions se ressemblent !

Cet acte de courage valut à M. Thellier de Poncheville une nouvelle lettre de félicitations du Garde des sceaux. Dans cette lettre, le Ministre l'appelle : M. le Procureur-*général* ; mais hâtons-nous de constater que c'est un *lapsus*. Notre procureur écrivait plus tard : « Si j'avais » dû compter sur de l'avancement, c'était à la » seconde Restauration, Dieu en a disposé au- » trement ; je me persuade que c'est pour mon » plus grand bien. »

En effet l'avancement ne vint pas, mais ce naïf qui croyait à la puissance irrésistible de la justice et du droit, n'eut jamais la pensée que pour obtenir il fallait demander.

Une récompense cependant lui fut accordée sans qu'il l'eût sollicitée ; c'est une marque d'estime que lui donnèrent spontanément les électeurs du sixième collège du Département du Nord. Ils le nommèrent, le 16 août 1815, l'un des douze candidats parmi lesquels les électeurs du second degré devaient choisir deux Députés (1). Son honnêteté, son désin-

1. Les autres élus du sixième collège, qui comprenait les

téressement, l'ardeur de ses convictions, son éloquence un peu pompeuse, n'eussent sans doute pas été déplacés dans la Chambre *introuvable*. Il ne plut pas au *Grand Collège* de l'y envoyer ; sa destinée était de rester Procureur du Roi.

***

L'occupation étrangère ne tarda pas à rendre délicat et difficile l'exercice de ses fonctions. L'énergie du gouverneur Rey avait pour un temps sauvé Valenciennes de cette occupation ; mais vint le traité du 20 novembre 1815, qui désigna cette ville avec deux autres de l'arrondissement, Bouchain et Condé, au nombre des places fortes destinées à recevoir temporairement des détachements des armées alliées. La troisième division anglaise tint garnison à Valenciennes et dans les environs, sous le commandement du général Colville qui prit le gouvernement de la place. Condé eut des Hanovriens, Bouchain des Danois sous les ordres du Prince de Hesse. Des Cosaques furent aussi cantonnés dans le pays ; ils obéissaient au général Comte Woronzow, dont le quartier

---

arrondissements actuels de Douai et de Valenciennes, étaient MM. Becquet de Mégille, Blondel d'Aubers, conseiller à la Cour de Cassation, Marescaille de Courcelles, conseiller à la Cour royale, Delfosse, le marquis d'Aoust, de Beaugrenier, Ernest Desmoutier, conseiller de préfecture, le baron de la Grange, Benoist, maire de Valenciennes, Durant d'Élecourt, adjoint au maire de Douai, et le marquis de Nédonchel. Furent nommés députés MM. Ernest Desmoutier et Benoist.

général était à Maubeuge. Les populations ont gardé un assez mauvais souvenir du séjour de ces hôtes, qu'elles supportaient avec une impatience fort explicable.

Des rixes survenaient fréquemment entre soldats et paysans, même entre officiers et bourgeois ; des vols étaient commis par des militaires au préjudice des habitants ; les occasions de conflit étaient nombreuses. Aussi les autorités françaises avaient-elles fort à faire pour maintenir le bon ordre, défendre leurs nationaux et obtenir justice. Elles n'avaient d'autre arme que le droit, et se heurtaient à la force qui ne se rendait pas toujours sans résistance. Le Procureur du Roi de Valenciennes montra dans ces circonstances épineuses, avec sa fermeté habituelle, des qualités de souplesse et d'habileté qu'on lui eût peut-être moins facilement soupçonnées. Les chefs militaires alliés s'étaient bien imaginés que quand leurs hommes étaient l'objet de quelque agression, les magistrats français s'ingéniaient à ne pas punir les coupables. En vain leur expliquait-on que, « dans tout pays, la justice veut que le fait punissable soit constaté » (1), ils avaient sur la preuve des théories particulières : les officiers anglais, par exemple, prétendaient que, plaignants, la justice devait toujours les croire sur parole. Et par représailles, leurs con-

---

1. Extrait de lettres du Procureur général au Procureur du roi.

seils de guerre ne punissaient pas, ou punissaient de peines dérisoires, les soldats coupables de délits envers les habitants. C'est ainsi qu'un sapeur anglais qui, dans une rixe, avait tué d'un coup de sabre un malheureux paysan du village de Raismes, se voyait condamner à *un mois* de prison !

Les magistrats soupiraient: « Apparemment » que tel est le code anglais. Mais que faire ? » *Dulce fit patientia quod impediri nequit* (1). » Et ils recommençaient courageusement la lutte.

M. Thellier de Poncheville sut convaincre les Alliés de ses bonnes dispositions à leur égard et de son vif désir de leur faire obtenir toujours et partout justice ; c'est, paraît-il, ce qu'ils demandaient. « Nous voulons que vous » ayez justice, lui disait Colville, mais f.... qu'on » nous la rende (2).» Persuadés que le Procureur du Roi de Valenciennes voulait la leur faire rendre, ils lui en surent gré ; et les habitants en profitèrent. Plus d'une fois, en effet, cette confiance qu'il avait su inspirer, lui permit de demander satisfaction pour ses justiciables (3),

---

1. Extrait de lettres du Procureur général au Procureur du roi.

2. Lettre de M. Thellier de Poncheville au Procureur-ral, 17 octobre 1816.

3. Parmi les peines prononcées par les Tribunaux militaires étrangers contre les soldats de l'armée d'occupation coupables de délits envers des Français, il y en a de bien singulières : un soldat anglais, convaincu d'avoir vendu une chemise **volée**

de leur éviter des disgrâces même méritées (1),
et de prévenir des coups d'autorité (2).

D'ailleurs notre magistrat savait aussi résister quand sa conscience le lui ordonnait, et
alors même que ses supérieurs hiérarchiques
étaient disposés à faiblir. Voici, entre autres,
un trait resté légendaire, et dont j'emprunte le
récit à un article nécrologique publié dans les
journaux de la région : « Pendant le séjour des
» alliés à Valenciennes, M. Thellier s'opposa,
» malgré des ordres supérieurs, à mettre un
» meunier en accusation pour le meurtre d'un
» Cosaque, que le meunier avait surpris lui vo-
» lant de l'argent.Il sentait bien que le joug des
» alliés était un sacrifice trop dur à supporter,
» pour ne point pardonner aux murmures et
» même aux actes lorsqu'il se présentait des
» raisons plausibles. Il répondit à l'état-major
» Russe qui l'invitait énergiquement à cette
» mise en accusation,qu'il importait aux Alliés
» de ne pas faire connaître que, parmi eux,.il y
» avait des voleurs. Cette réponse et ce refus
» méritèrent plus tard à M. Thellier la croix
» de Saint Wladimir de Russie. »

à un habitant, reçoit 250 coups de fouet ; un Danois qui a
frappé un musicien dans un bal de village est condamné à
faire cinq jours de prison au pain et à l'eau, puis à être enchaîné pendant 48 heures les mains serrées aux pieds.

1. 20 janvier 1817 : « M. le Commandant de Valenciennes, »
»s'est contenté d'une réprimande et a déchiré la plainte portée
»contre une mauvaise tête qui avait blessé un officier anglais.»

2. Lettre du 17 octobre 1816.

S'il faut en croire la tradition, l'incident aurait été très vif entre l'état-major Russe et le Procureur du Roi. Celui-ci estimait avec raison que le meunier, meurtrier du Cosaque, n'avait fait qu'user du droit de légitime défense, en repoussant une escalade nocturne, et n'était justiciable d'aucun tribunal : « Si vous ne vou- » lez pas le faire juger, lui dit-on, nous le ferons » saisir de force — Je le mets sous ma sau- » vegarde — Nous enverrons des troupes ! — « Eh bien ! je réunirai les brigades de gen- » darmerie de l'arrondissement, je me mettrai » à leur tête et je vous résisterai. » Propos héroïque, mais qu'il n'eut heureusement pas à mettre en action sur le terrain.

La légende ne finit pas là ; elle ajoute que l'Empereur de toutes les Russies, se faisant lire les fastes journaliers de son empire, connut par là cette belle réponse et que, charmé, il ordonna que celui qui l'avait faite fût décoré d'un de ses Ordres.

Le fait certain, c'est qu'à la fin de 1818, au moment où se terminait l'occupation, heureusement abrégée par l'habileté patriotique du duc de Richelieu et du Roi, M. Thellier de Poncheville reçut le brevet de chevalier de Saint-Wladimir. Il s'en réjouit comme d'un don précieux : « Malgré les bontés du prince » Nariskin, écrivait-il à l'un de ses parents, » malgré les preuves d'estime que m'avait » données le général en chef de l'armée Russe, » je vous avoue que je ne comptais point sur la

» faveur signalée que m'a faite l'Empereur
» Alexandre. »

Il était ce jour-là tout à la joie ; il avait vu
de près un de ces « princes chéris » pour lesquels
les Royalistes d'alors auraient donné leur vie :
« Nous avons eu ici, dit-il dans la même let-
» tre (1), S. A. R. Mgr le Duc d'Angoulême qui
» le premier jour a envoyé, avant son arrivée, la
» liste des personnes qu'il voulait admettre à sa
» table ; j'y étais seul du Tribunal. Le len-
» demain, la ville lui donna un repas auquel je
» fus invité avec M. le Président qui ne voulut
» point y venir, n'ayant pu digérer l'exclusion
» de la veille (2). »

Mais le Procureur du Roi était en droit de
ne pas compter sur les seules « faveurs » de
l'empereur Alexandre ; il en avait sûrement
mérité une autre, bien banale aujourd'hui, plus
rare et plus estimée alors, sinon plus recher-
chée. Dès le 30 août 1815, le Procureur général, marquis de Beaumez, lui écrivait : « J'in-
» vite Son Excellence (le Garde des Sceaux) à
» vous obtenir enfin de la bonté du Roi ce que
» vous avez si bien mérité, la décoration de la
» légion d'honneur.» Elle se fit attendre. Cependant les supérieurs hiérarchiques n'étaient pas
seuls à solliciter ; les concitoyens de M. Thel-

---

1. 5 janvier 1819.

2. Je note cette appréciation : « Le prince m'a paru aimé de
» la troupe ; il est vrai qu'il traite les officiers et soldats avec
» la plus grande affabilité. »

lier se joignaient au procureur-général ; la garde nationale elle-même mit son épée dans la balance : *Cedant arma togae.* Les officiers de ce corps respectable, réunis pour présenter à Sa Majesté leurs candidats à la décoration, prirent la liberté de lui signaler en même temps ; « un » magistrat dont les lumières, les vertus et le » dévouement à l'auguste famille des Bour-» bons, fixent depuis longtemps le respect et la » considération publics, mais qu'une extrême » modestie paraît jusqu'ici avoir dérobé aux » regards paternels du monarque (1). »

Sa Majesté ne se rendit point aux bonnes raisons de MM. les officiers ; ce n'est que cinq ans plus tard, et à l'occasion du baptême du duc de Bordeaux, que le Procureur du Roi de Valenciennes fut décoré (2).

Il écrivait avec une satisfaction naïve : « Ainsi me voilà deux fois chevalier. » Il est vrai qu'en ce temps-là la « Chevalerie » ne se vendait pas.

---

1. Pétition du 17 février 1816.

2. 30 avril 1821.

V.

C'ÉTAIT d'ailleurs la seule récompense que dussent recevoir du Souverain son zèle, son dévouement et ses services. Il s'était résigné à ne plus attendre cet avancement qu'on ne songeait pas à lui proposer : « Nous » ne sommes pas digne, disait-il ; résignons-» nous. Dieu nous veut où nous sommes, » restons-y ; il sait mieux que nous ce qu » nous convient. Toujours fidèle quand même !!! (1) »

Oui fidèle à ses croyances et à ses affections, fidèle aussi à son poste qu'il garda jusqu'à la fin de 1826. Mais la lassitude et le découragement l'envahissaient peu à peu. Il n'était pas toujours soutenu ou secondé, comme il l'eût voulu, dans l'accomplissement de la tâche qu'il s'était faite si rigoureuse. Autour de lui il ne trouvait pas, au degré où il les eût désirés, cette ardeur au travail, ce zèle pour la prompte expédition des affaires, qui l'animaient et le dévoraient. Le moindre *arriéré* était pour lui un sujet de tourments. Un jour, voulant faire disparaître tout retard dans le jugement des procès correctionnels, il requiert du Tribunal une audience supplémentaire : « Des affaires, dit-il, restent » en arrière assez longtemps pour craindre le » dépérissement des preuves ; la punition trop

---

1. Lettre à M. Aubrelicque.

» lente est perdue pour l'exemple..... ; une
» autre considération, c'est que tous les préve-
» nus ne sont point coupables, et cependant
» ils endurent le tourment d'une longue incer-
» titude sur leur sort. » Or les juges n'ont rien
à faire le lundi; le Procureur du Roi les requiert
donc de siéger ce jour-là ! Mais le Tribunal ne
l'entend pas ainsi. Il estime : « que les grandes
» considérations exposées dans le réquisitoire
» appartiennent aux causes criminelles étran-
» gères au tribunal et non aux simples causes
» de police correctionnelle presque toujours
» peu importantes, et tenant plus aux ven-
» geances particulières qu'à l'intérêt public, »
et encore « que, dès que le travail est fait
» conformément aux règlements, l'arriéré ne
» serait pas une cause d'excéder les juges. »
Et il délibère... qu'il continuera à chômer le
lundi.

Si encore les audiences étaient exactement
ouvertes ! Mais il s'en faut. Et le Procureur
qui, à l'heure fixée, a pris place sur son siège,
attend vainement les juges, puis se lasse et
dresse un procès-verbal de carence.

Aussi l'accuse-t-on de rigorisme (1) ; et je
suis tenté de trouver qu'on a un peu raison. Mais
le sentiment du devoir l'anime seul ; il n'a
pas d'autre passion ; et combien, sous cette
forme rigide, il souffre d'avoir à dénoncer ou à
sévir! A propos d'un magistrat dont il a dû

---

1. Lettre du Procureur général d'Haubersart.

faire connaître les écarts, il rappelle un souvenir de collège : « Vous souvenez-vous du jour
» où j'abandonnai tous mes privilèges *contra*
» *omnia tela*, pour soustraire Saint-Sornin à un
» châtiment humiliant ? J'étais bien plus satis-
» fait que lorsque je vois un magistrat censuré·
» par sa faute, et que je ne saurais le sous-
» traire à cette peine qu'en prévariquant. » Et
il ajoute comme conclusion : « Je voudrais bien
» n'avoir plus à répondre que de mes actions.»

Et puis l'avenir politique s'assombrit à ses
yeux facilement inquiets. Il croit qu'en présence des attaques dont la religion et la royauté
sont l'objet, une grande énergie de répression
est nécessaire. Il dépasse même M. de Peyron-
net, et parfois on trouve en haut lieu son zèle
excessif. Il en gémit avec son fidèle ami Aubrelicque : « En annonçant au ministre la saisie
» du *Nain-Jaune*, ouvrage atroce, impie et régi-
» cide, imprimé à Bruxelles, j'ai osé me servir
» de ces expressions : « *Les deux trop célèbres*
» *arrêts de la Cour royale de Paris (1) portent*
» *déjà leurs fruits.* » Il ne m'a pas répondu,
» mais ·j'ai fait mon devoir. Et ailleurs :
« J'avais adressé au Garde des Sceaux deux
» ouvrages impies, en lui disant qu'on en vou-
» lait à l'autel et au trône, et en le priant de
» seconder mon zèle et mes efforts.... Si ma fran-
» chise lui a déplu, j'en suis fâché pour lui. J'ai
» agi comme chrétien et comme procureur du

---

1. Acquittant le *Constitutionnel* et le *Courrier.*

» roi, et je bénis Dieu de ma démarche. » Mais
il ajoutait : « Je ne désire plus conserver ma
» place; elle n'est pas tenable, n'étant pas
» secondé. »

D'ailleurs, sa vue fatiguée par l'excès du travail l'invitait aussi au repos. Il renouvela donc
d'une façon plus ferme, dans le courant de 1826,
l'offre de démission qu'il avait déjà faite plusieurs fois. Ces ouvertures avaient toujours été
repoussées par les Procureurs généraux à qui il
les avait adressées. On lui répondait : « Vous
» remplissez votre place d'une manière qui ren-
» dra toujours votre remplacement difficile, et
» conséquemment il faut tâcher de vous garder
» le plus longtemps possible (1). »

Quoique nouveau dans le ressort, le Procureur-général d'alors, M. Morand de Jouffrey,
partageait à ce sujet l'opinion de ses prédé-
cesseurs; aussi s'était-il refusé, lui aussi, a transmettre au Garde des Sceaux la démission d'un
collaborateur si utile. Mais des envieux (où n'en
trouve-t-on pas?) se chargèrent de ce soin.
Une basse dénonciation signala au Ministre le
Procureur du Roi comme donnant des soins
aux intérêts privés d'une famille dont il possédait depuis longtemps l'amitié et la confiance.
On alla jusqu'à supposer que « l'indépendance
» et la dignité du Ministère-public » pourraient
» être compromises. »

M. Thellier de Poncheville le sut, et sa fierté

1. Lettre de M. D'Haubersart.

un peu ombrageuse ne supporta point cette injure. Dans une lettre fort digne, où il rappelait les services de sa famille et sa fortune perdue pour prix de sa fidélité, il fit connaître au Procureur général sa volonté, formelle cette fois, de renoncer à sa place : « L'altération de ma » santé, ajoutait-il, et l'affaiblissement de ma » vue, occasionnés par un travail forcé qui » augmente chaque année m'y obligent. Je vous » prie donc, Monsieur, de faire agréer ma dé- » mission à Sa Grandeur, de l'assurer de ma » fidélité à toute épreuve ; et que, fallût-il » encore exposer mes jours pour le service du » Roi, Sa Majesté trouvera toujours en moi le » même zèle et le même dévouement. » La lettre se terminait ainsi : « Quoique exempt d'am- » bition, s'il plaisait à notre monarque bien- » aimé de m'accorder un titre honoraire, je le » recevrais avec la plus respectueuse recon- » naissance ; il serait pour moi la récompense » de ma fidélité et pour les autres la preuve » que je n'ai point démérité (1). »

Le Procureur général insista pour le faire renoncer à sa résolution, mais il se heurta à un refus absolu. Il se décida alors à transmettre cette démission qu'il s'était si vivement efforcé de retenir : « C'est le cœur serré, disait-il, que » je finis par le regret de perdre un collabora-

1. Plus tard il se reprochait presque cette pensée : « Je me » suis justifié au lieu de me taire, écrivait-il. Était-ce avec la » pureté d'intention et les mêmes vues que saint Paul ? Une » voix secrète me dit : Non ! »

» teur aussi estimable que vous. J'espère que
» vous me conserverez toujours une part dans
» votre estime et dans votre amitié, comme
» vous pouvez compter sur mon entier dé-
» vouement. »

Un tel langage n'est-il pas aussi honorable
pour celui qui le tient que pour celui auquel il
s'adresse?

Quelques jours après, le 27 décembre 1826,
une ordonnance royale admettait le Procureur
du Roi, près le Tribunal de Valenciennes, à
faire valoir ses droits à la retraite et le nommait Président honoraire.

Les journaux de Valenciennes se firent les
échos chaleureux des regrets du public ; le
substitut et le juge auditeur le louèrent non
moins éloquemment, en refusant d'installer son
successeur ; vainement il insista lui-même pour
les faire revenir sur cette détermination. Après
tout, le « rigorisme » n'avait point empêché
l'estime et même quelque chose de plus.

*
* *

Lorsque M. Thellier de Poncheville avait
fait connaître ses projets de démission à M.
Morand de Jouffrey, celui-ci lui avait écrit :
« Si vous persistez, au moins demandez une
» pension : je la provoquerai de toutes mes for-
» ces, et ferai valoir tous vos titres à cet acte
» de justice. »

La réponse du Procureur fut «qu'après avoir
» fait don au Roi, qui avait daigné l'accepter,

» de trois mois de son traitement et de sa part
» dans l'emprunt de 1815, il ne lui apparte-
» nait pas de tendre la main. »

Ce n'était pas une boutade, ni un accès de
fierté irréfléchie. Après l'acceptation de la
démission, le Procureur-général revint à la
charge. Voici la correspondance qui fut alors
échangée ; elle pourra, je pense, se passer de
commentaires :

« Douai, 14 mai 1827.

» MONSIEUR LE PRÉSIDENT,

» En transmettant à Monseigneur le Garde
» des Sceaux l'état de vos services, je lui avais
» exprimé le vœu d'obtenir pour vous une
» pension de retraite que vos bons services
» vous ont méritée ; ce vœu a été accueilli, et
» les souvenirs que vous avez laissés dans
» l'exercice de vos fonctions vous recomman-
» dent à la bienveillance de sa Majesté. Mais
» il existe dans les administrations et surtout
» en matière de comptabilité, des formes stric-
» tes dont on ne peut s'écarter.

» Ainsi ma démarche d'office a préparé les
» voies, mais elle ne peut suppléer le certificat
» de deux officiers de santé sur les infirmités
» que vous éprouvez et sur l'état de votre vue.

» Il s'agit d'un acte de justice ; la plus
» excessive délicatesse ne peut répugner à des
» préalables nécessaires à son accomplisse-
» ment ; la pension de retraite n'est pas uni-
» quement considérée sous le rapport finan-

» cier, elle est une reconnaissance des services
» rendus et un gage de la satisfaction du sou-
» verain.

   » Agréez, etc.

        » MORAND DE JOUFFREY. »

La réponse est du 19 mai 1827 :

   « MONSIEUR LE PROCUREUR GÉNÉRAL,

   » L'intérêt que vous daignez me témoigner
» me pénètre de la plus vive reconnaissance.

   » Mais le rétablissement de ma santé, le
» raffermissement progressif de ma vue depuis
» que j'ai cessé des fonctions qui étaient au-
» dessus de mes forces, ne me permettent
» point de produire le certificat exigé pour
» l'obtention d'une pension de retraite.

   » C'est ce que je me suis dit en lisant la let-
» tre que vous m'avez fait l'honneur de m'é-
» crire le 14 de ce mois ; cependant, Monsieur,
» j'ai voulu prendre le temps de la réflexion :
» j'ai tout pesé, tout examiné, et il m'a paru
» impossible de faire attester des infirmités
» qui avaient cessé avec la cause qui les avait
» occasionnées.

   » Je sais que je me prive d'une ressource
» d'autant plus précieuse que j'ai perdu une
» grande partie de ma fortune par suite de
» mon attachement au Roi, et qu'elle m'aurait
» aidé à terminer l'éducation de mes enfants ;
» mais elle n'est point à comparer avec la
» perte de la paix de l'âme.

» Je me fais presque un reproche d'avoir pu
» hésiter, et il me semble, Monsieur, que j'au-
» rais été coupable devant Dieu et devant les
» hommes si j'avais eu le malheur de succomber.»

» Je dois donc croire que le sacrifice m'est
» commandé par la conscience.

» Si je me trompe, mon erreur trouve son
» excuse dans le motif.

» Puisse sa Grandeur n'y voir qu'une nou-
» velle garantie de ma fidélité au Roi !

» Daignez, Monsieur, l'en assurer et que
» tout mon désir est et sera toujours d'en don-
» ner des preuves dans toutes les circonstances.

» C'est dans ces sentimens qui ne finiront
» qu'avec ma vie, que j'élève mes enfans qui
» me donnent l'espoir fondé qu'ils marcheront
» sur les traces des nombreux martyrs de ma
» famille.

» J'ai l'honneur d'être etc.

» THELLIER DE PONCHEVILLE,

Président honoraire.

Je ne puis passer sous silence la réplique de
M. Morand de Jouffrey ; il y a quelque grandeur dans ce dialogue entre les deux magistrats :

« MONSIEUR LE PRÉSIDENT,

» Votre refus détruit mes espérances et rend
» stérile la bienveillance qui avait accueilli une
» démarche au succès de laquelle je mettais
» tout l'intérêt qui s'attache à un acte de jus-

» tice ; vous ne serez donc pas surpris que les
» regrets que j'en éprouve me fassent paraître
» excessive la délicatesse qui vous a dicté ce
» refus ; toutefois les motifs d'une si noble con-
» duite sont trop honorables pour que je n'y
» applaudisse pas ; combien elle est satisfai-
» sante pour la Magistrature et quel grand
» exemple elle lui donne !

» Vous soutenez, Monsieur, dans votre re-
» traite le beau caractère que vous avez déployé
» comme magistrat dans l'exercice de vos
» fonctions, et comme sujet fidèle dans des
» circonstances périlleuses.

» Je me suis empressé de mettre sous les
» yeux du Ministre l'expression de vos géné-
» reux sentimens.

» Je ne doute pas qu'il ne les apprécie ; son
» suffrage, celui de tous les magistrats et de
» tous les gens de bien vous sont acquis, Mon-
» sieur; c'est là une récompense que vous ne
» répudierez pas,elle est la seule qui soit digne
» d'une âme comme la vôtre.

» Agréez, Monsieur le Président, le nouvel
» hommage de ma haute estime et des pro-
» fonds regrets que j'éprouve d'avoir perdu
» dans le Ministère-public, dont la faveur du
» Roi m'a appelé à diriger l'action, un magis-
» trat aussi distingué par ses talens et son zèle
» que par l'élévation de ses sentimens. »

« MORAND DE JOUFFREY. »

M. Thellier, racontant l'incident à ses fils qui

finissaient alors leurs études à Saint-Acheul, l'accompagna de ce commentaire :

« Vous voyez, mes chers enfants, qu'une action toute simple commandée par la probité et la religion, m'a valu le suffrage du magistrat qui voulait m'en détourner ; mais, m'eût-il improuvé, je ne pourrais me repentir de ce que j'ai fait ; j'ai gagné en tranquillité ce que j'ai perdu en biens périssables. »

A un ami qui trouvait ses scrupules excessifs il répondit : « Ma femme m'a approuvé ; pour ne point abonder dans mon sens, j'ai consulté des théologiens, et la divergence des opinions m'a prouvé qu'il y avait au moins doute, ce qui m'a déterminé à suivre la maxime du sage, après avoir toutefois invoqué le Saint-Esprit »

Ai-je eu tort de penser qu'on trouverait dans ce récit des traits qui n'appartiennent qu'à des gens « d'autrefois ? »

*
* *

Cependant, je ne veux pas dissimuler qu'en repoussant toute compensation pécuniaire, notre magistrat démissionnaire avait ambitionné tout bas une autre récompense. Il en fit la confidence à son ami, le doyen Aubrelicque.

» Il m'a pris fantaisie, lui dit-il, d'écrire hier
» au Ministre. Je lui donne à entendre qu'il a
» été dupe des ennemis de l'autel et du trône....
» Peut-être ai-je mis dans mes expressions un
» peu trop de chaleur ; il ne saurait cependant
» m'en vouloir si, comme je crois, il est dévoué

» au Roi. Je sais qu'en sa place je saurais gré à
» l'homme qui m'ouvrirait les yeux et que je
» solliciterais pour lui auprès du Monarque de
» nouvelles faveurs — non point une pension
» que je ne demande pas —, mais *un titre héré-*
» *ditaire.* C'est ce que je lui insinue en lui rap-
» pelant la promesse de Louis XVIII en 1794.»

La promesse de Louis XVIII !.... C'était
être naïf que d'en avoir attendu l'effet sans
mot dire depuis 1814, et le ressouvenir en fut
un peu tardif. Aussi bien, j'imagine que notre
magistrat ne se faisait pas beaucoup d'illusions
sur l'efficacité de sa discrète invite. Il avait
pour principe de tout attendre des inspirations
spontanées de la justice ; et quand la justice
ne venait pas à son gré, il disait philosophi-
quement : « Les grands sont à plaindre ; on
les trompe et souvent ils paraissent injustes
sans l'être en effet. »

A-t-il d'ailleurs désiré bien sérieusement
cette baronnie ? On m'a conté qu'il en entre-
tint un jour ses fils, mais pour les engager à ne
pas la regretter, n'ayant pas, disait-il, une fortune qui leur permît de la bien porter. Et au
fond du cœur, il n'était sans doute pas fâché
que rien ne fût venu l'empêcher de s'appliquer la belle et fière divise : *Plus d'honneur*
que d'honneurs !

VI.

« Je vais vivre désormais pour Dieu, ma fa-
» mille et mes amis (1). » Tel est le programme que se traçait, en un cri de délivrance, le
Procureur du Roi démissionnaire. Il faut y
ajouter les pauvres ; les pauvres qu'il aidait de
ses conseils aussi bien que de sa bourse. Le
Journal de Valenciennes, en annonçant cette
démission, disait : « M. de Poncheville, libre
» maintenant des devoirs que lui imposait sa
» place, pourra donc désormais aider de ses
» conseils la classe indigente, à qui son cabinet
» n'a jamais été fermé lorsqu'il exerçait la pro-
» fession d'avocat. » Il n'y manqua pas, et la
charité sut faire du magistrat si jaloux de sa
dignité, le conseiller patient de tous les malheureux.

Le rétablissement momentané de la censure,
sous le ministère Polignac, lui donna une autre
occupation. On offrit au Président honoraire
d'être le censeur des journaux de Valenciennes;
il croyait à l'efficacité de l'institution et persuadé qu'il pourrait encore servir utilement les
intérêts de la religion et ceux de la royauté, il accepta. A cette acceptation d'ailleurs, il
avait mis la condition expresse que ses fonctions seraient entièrement gratuites ; ce qui
n'étonna personne.

---

1. Lettre du 1er janvier 1827.

Il vécut encore dix ans, faisant le bien, donnant l'exemple public de toutes les vertus, réalisant dans la vie privée cet idéal de justice délicate et scrupuleuse qu'il avait toujours cherché dans sa carrière de magistrat.

Au moment de sa retraite, la constitution robuste de M. Thellier semblait lui promettre encore une longue vie : « Je vais avoir 62 ans, écri- » vait-il, et j'ai encore toute ma vigueur. » Et il en donnait cette raison : « Depuis trente ans, » je suis moi-même mon médecin. » Mais Dieu devait lui envoyer, quelques années plus tard, une rude épreuve qui ne fit point plier l'âme, mais ébranla le corps et porta à sa santé une atteinte irrémédiable . La mort lui enleva en 1833 sa digne et sainte campagne. Depuis le jour où, au sortir des prisons de Douai, un prêtre proscrit avait béni leur union, elle avait été la confidente dévouée et modeste de sa vie, le ferme appui dont l'approbation et les encouragements ne lui avaient jamais manqué dans les moments difficiles, l'auxiliaire et souvent l'inspiratrice discrète de ses bonnes œuvres. Rappelée à Dieu, elle devait l'appeler à son tour. Voici ce qu'écrivait un contemporain :

« Il a perdu le bonheur en perdant le mo- » dèle des épouses et des mères, le symbole de » la douceur et de la bonté, la protectrice des » pauvres. L'homme doué de sa force morale » devait aimer ardemment celle qui embellis- » sait son existence au milieu de ses rudes

» travaux (1). » Cela est vrai. Cet homme d'apparence si rigide était sincèrement bon et aimant ; et il avait concentré dans l'intimité du foyer toutes ses affections. Dès le lendemain de la mort de Madame Thellier, une maladie nerveuse provoquée par la secousse profonde qu'il avait éprouvée, fondit sur lui. Ce fut le commencement d'un véritable martyre. Privé de sommeil, condamné à l'immobilité, il endura pendant quatre ans les souffrances les plus cruelles. Il les supporta avec une patience qui ne se démentit jamais. Les indifférents trouvèrent qu'il était « stoïque » (2), les chrétiens qu'il donnait un admirable exemple de résignation.

J'ai sous les yeux quelques lettres écrites — au prix de quelles souffrances ! — pendant ce long et pénible acheminement vers la mort ; je n'y ai pas trouvé une seule plainte. S'il décrit son état, ce n'est d'ordinaire que pour s'excuser des retards ou de la brièveté de sa correspondance ; et tout aussitôt il se hâte de s'en remettre à la volonté de Dieu.

Il écrit le 22 août 1834 : « Je suis plus souf- » frant que jamais ; perclus de tous mes » membres, je puis à peine tenir la plume. »

Le 3 janvier 1835 : « Ma main débile et » souffrante m'a mis en retard avec vous ; il » faut que je lui fasse violence....... Je n'ai

---

1. Article nécrologique publié dans l'*Écho de la Frontière*.
2. Notice nécrologique.

» plus d'espoir qu'en Dieu pour ma guérison ;
» il faut quatre personnes pour me lever et me
» coucher et mes souffrances sont continuelles
» ..... Malgré tout cela, j'éprouve encore des
» consolations et il me semble que mon réta-
» blissement n'est point impossible. Au reste,
» je me soumets à la volonté de Dieu, espérant
» qu'il proportionnera l'épreuve à mes forces.
» Ma main demande grâce..... » Le 7 janvier
1835 : « Je souffre jour et nuit, j'ai des crampes
» continuelles, toutes les articulations sont at-
» taquées..... il me serait impossible de faire
» un pas, même à l'aide de deux bras. Si cet
» état se prolonge, je finirai par succomber
» malgré la bonté de mon tempérament. Les
» médecins ne connaissent point de remèdes.
» — Dieu seul peut opérer ma guérison, j'at-
» tends tout de sa bonté et me soumets d'a-
» vance à ce qu'il lui plaira ordonner de moi.
» Ne perdons pas courage et espérons..... »

Le 4 juin 1836, il répond à un neveu malade
qui l'entretenait de ses infirmités : « Je conçois
» vos souffrances ; j'en juge par les miennes
» qui ne diminuent pas et qui m'accableraient
» sans le secours de la religion. Je vous engage
» à la patience et à la résignation : le chagrin
» ne ferait qu'aigrir vos maux. Dans notre pé-
» nible position, nous ne devons point cesser
» de recourir à Dieu et à Marie ; je ne me
» sens jamais plus fort que lorsque j'ai le bon-
» heur de communier. »

Il succomba enfin à cette longue torture.

C'est le 10 août 1837 qu'il s'éteignit dans les bras de ses deux filles, devenues depuis la mort de leur mère ses anges gardiens, entouré de ses fils dont il avait fait des chrétiens comme lui, consolé par ce Dieu qu'il avait plus d'une fois confessé au péril de sa vie.

La population tout entière, ayant à sa tête les magistrats dont il avait été si longtemps le collègue et le modèle, entoura son cercueil. Mais sur sa tombe aucun discours ne retraça une vie si bien et si noblement remplie. Il l'avait voulu ; ainsi en témoignait, peu de jours après dans un discours de rentrée, son ancien substitut devenu Président du Tribunal: « La Providence, disait-il, réservait à celui qui » avait été, pendant treize années, le substitut » de M. Thellier de Poncheville, le triste de- » voir de vous parler de ce magistrat intègre, » l'un des Procureurs du Roi les plus distin- » gués du royaume. Mais ici, Messieurs, dès » mon début, son image glaciale m'arrête. Je » crois l'entendre me rappeler, avec sa sévérité » ordinaire, qu'à ses derniers moments, en ma » présence, il avait défendu le faste dans ses » obsèques et tout éloge funèbre.... »

Le chrétien avait voulu finir par un acte d'humilité. Il avait conscience de ses imperfections : « Un peu de raideur... » disait-on de lui cinquante ans auparavant ; il appelait, lui, cette raideur, sévérité et orgueil, et il avait cherché à s'en corriger. Un jour il écrivait à

un de ses amis : « On dit que j'ai l'air sévère ;
» c'est sans doute un défaut, puisque saint Vin-
» cent de Paul s'est cru obligé de s'en corriger.»
Et un autre jour : « Savez-vous que l'humilité
» n'est point ma vertu ?....Je ne sais dire du mal
» de moi qu'au tribunal de la pénitence.» Avait-
il acquis la douceur ? L'image « glaciale »
évoquée par son ancien substitut permet d'en
douter ; mais il avait vaincu l'orgueil, et le
refus de ce banal hommage qu'on appelle un
éloge funèbre, était l'affirmation de sa victoire

Heureusement cette défense ne put fermer.
la bouche au respect et à l'admiration publics.
Plusieurs notices nécrologiques auxquelles j'ai
fait d'utiles emprunts, rendirent aux grandes
qualités de l'homme et du magistrat, un hommage d'autant plus précieux qu'il émanait
d'adversaires politiques. Longtemps aussi les
souvenirs populaires lui sont restés fidèles
dans sa cité d'adoption. La génération qui a
précédé la nôtre avait gardé dans sa mémoire,
l'image de ce grand vieillard au visage austère,
à l'allure à la fois vive et digne, au costume en
retard d'un demi-siècle. Elle avait appris à sa-
luer en lui comme une incarnation vivante de
la loi et de la justice et « l'un des aïeux véné-
» rés de la magistrature valenciennoise (1) . »

Mais peu à peu les derniers témoins dispa-

1. *Revue historique et littéraire de l'arrondissement de Valenciennes, mai 1863* ; article de M. Louise sur *le Magis-trat forcé en 1794.*

raissent et le temps achève d'effacer, avec tant d'autres, cette figure d'autrefois. On ne s'étonnera pas qu'une main filiale ait tenté d'en fixer les traits et de faire revivre, autour d'elle, quelques souvenirs d'une époque où la nôtre peut trouver, non sans profit, l'exemple de convictions fortes et de vigoureux caractères.

TABLE.

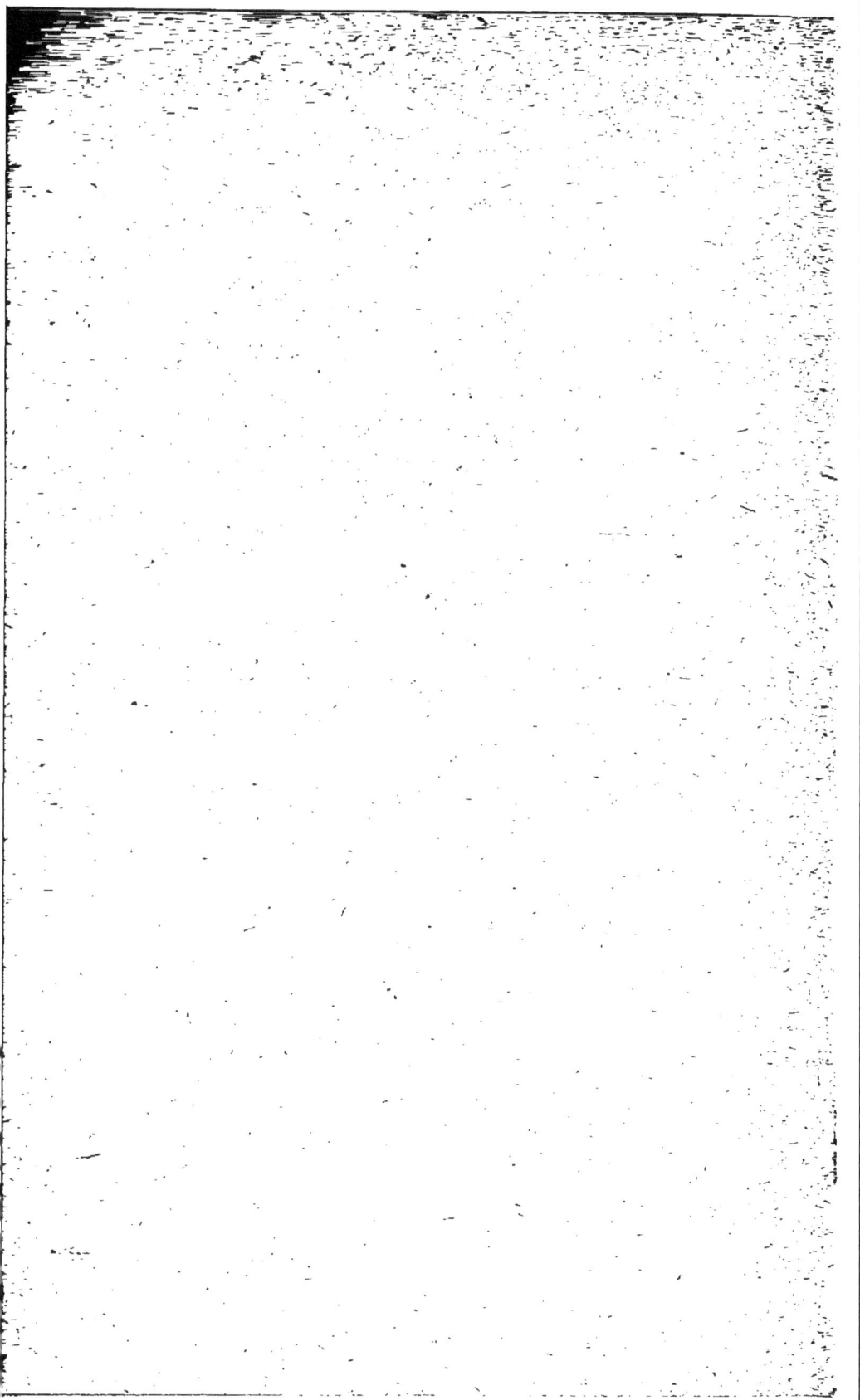